Dreiteiligkeit im römischen Recht

Von

H. Goudy
Professor der Rechte in Oxford

Aus dem Englischen übertragen

von

E. Ehrlich
Professor der Rechte in Czernowitz

München und Leipzig
Verlag von Duncker & Humblot
1914

Alle Rechte vorbehalten

Altenburg
Pierersche Hofbuchdruckerei
Stephan Geibel & Co.

Vorrede des Übersetzers.

Heute noch erinnere ich mich an den auserlesenen Genuß, den mir einst, vor gar vielen Jahren, die Schriften der eleganten Holländer bereitet hatten, eines Gerardus Noodt, Bynkershoek oder Huber, die ich als junger Rechtsbeflissener mit Begeisterung zu lesen pflegte: Scheinbar untergeordnete Fragen mit vielem Geist, tiefster Gelehrsamkeit, in vollendeter Form behandelt. War man aber fertig, so kam einem nie, wie so oft bei modernen, angeblich historischen, in Wirklichkeit aber antiquarischen, Arbeiten in den Sinn, warum denn auf diesen unbedeutenden Gegenstand so viel Mühe verwendet worden ist? Man gewahrte bald, welch tiefen Einblick die Schrift in die Werkstätte der römischen Juristen gewährte.

Die Arbeit, die ich jetzt in deutschem Gewande der Öffentlichkeit übergebe, ist ganz in der Art der alten eleganten Holländer. Die Frage, mit der sie sich befaßt, scheint zuerst nebensächlich, und doch wird es gewiß niemand bedauern, sie nicht einmal, sondern mehrmals durchstudiert zu haben. Fast jede Seite bringt

*

eine Aufklärung über irgendeine Frage, für die die Rechtshistoriker bisher vergeblich nach einer Aufklärung gesucht haben, und kaum jemand wird sich des Eindruckes erwehren können, daß ihm ein gutes Stück des römischen Rechts jetzt ein ganz anderes Gesicht zeigt als zuvor.

Parenzo (Istrien) am 21. August 1913.

Vorrede des Verfassers.

Vor einigen Jahren lieferte ich einen Beitrag für eine Festschrift zu Ehren des Professors Carlo Fadda von Neapel, worin ich die Einteilung der Verbindlichkeiten in Justinians Institutionen prüfte, und ich war bestrebt zu zeigen, daß die eigentümlichen Einteilungen in Vierergruppen, die wir dort finden, dem Streben nach künstlichem Gleichmaß den Ursprung verdanken und sich weder auf Erwägungen der Logik gründen, noch durch bloßen Zufall veranlaßt sind. Dieser Aufsatz ist in den Studi Fadda, im Jahre 1906, unter dem Titel »Artificiality in Roman Juristic Classifications« veröffentlicht worden und dessen Schlußfolgerungen, obwohl nicht allgemein angenommen, wurden doch beifällig aufgenommen von mehreren ausgezeichneten Romanisten, die freundlich geneigt waren, mir darüber zu schreiben. In diesem Aufsatz sagte ich, daß nach meiner Ansicht viele römische Juristen unter dem Einflusse des Symbolismus der Ziffern standen, sowohl bei der äußeren Anordnung ihrer Werke, als auch bei der Einteilung des Gegenstandes, obwohl ich die

Vierteilungen der Institutionen nicht dem Symbolismus, sondern eher dem Wunsch nach künstlerischem Gleichmaß zuschrieb. Ich bemerkte auch (Studi Fadda V. s. 212), daß ich mich in einem späteren Zeitpunkt womöglich mit dem symbolischen Einflusse der Ziffer 3 befassen werde. Die vorliegende Monographie ist eine Erfüllung dieses Versprechens. Für die in dieser Schrift ausgesprochenen Gedanken bin ich allein verantwortlich, aber ich möchte hier meinen Dank aussprechen meinen Freunden Professor Cook Wilson, Mr. Warde Fowler, Fellow of Lincoln College und dem emeritierten Professor Strong von der Universität Liverpool für so manche wertvolle Anregung. Besonders bin ich Professor Cook Wilson zu Dank verpflichtet, der alle Korrekturen las und eine Menge scharfsinniger Bemerkungen machte.

Oxford, All Souls College, 1910.

Die Dreiteiligkeit im römischen Rechte.

In neuerer Zeit wird, wenigstens bei den europäischen Völkern, abgesehen etwa von der Mathematik, den Zahlen als solchen keine besondere Bedeutung beigelegt. Man glaubt nicht, daß sie auf Handlungen oder Ereignisse einwirken könnten, sei es im öffentlichen oder im Privatleben. Am wenigsten sind moderne Schriftsteller, vielleicht Hegel ausgenommen, von ihnen in ihren Werken bewußt beeinflußt worden[1]. Welcher Literat oder Forscher würde heute, wenn er seine Arbeit in Teile oder Bücher, oder den Gegenstand nach Gesichtspunkten oder Kategorien, nach Arten und Gattungen gliedert, auf die Zahl irgendwelchen Wert legen? Aber einst war es anders; für die Alten hatten gewisse Zahlen eine mystische Bedeutung, und im Altertum brachten die Autoren die Einteilung des Stoffes sowie die äußere Anordnung ihrer Werke oft in Einklang mit der einen oder der

---

[1] Vgl. immerhin Hofmann, Zeitschrift f. R. G. XI, p. 344, Anm. 20. Übrigens sind Hegels Dreieinteilungen nicht Gliederungen nach Art und Gattung, sondern Folgen seiner philosophischen Methode.

anderen dieser Zahlen. Dieser Symbolismus, oder wie es sonst genannt werden mag, ist nachweisbar bei allen Völkern des Altertums, deren Gesittung wir kennen, insbesondere bei den Hindus, Hebräern, Ägyptern, Griechen und Römern[1]. Am heiligsten scheinen die Zahlen 3, 4, 7 und 12 gewesen zu sein, aber auch 9 und 10 galten allgemein als symbolisch. Es ist höchst unwahrscheinlich, z. B. daß anstatt der zehn Gebote je acht oder elf hätten verkündet werden können, oder daß die Dezemvirn ihre Gesetze auf 13 Tafeln niedergeschrieben hätten[2]. Ich habe nicht die Absicht zu prüfen, wie weit diese Zahlenmystik auf die mittelalterlichen Schriftsteller Eindruck machte, oder sich in mittelalterlichen Einrichtungen durchbrach. Zweifellos wirkte sie noch lange fort, wenn auch allmählich nachlassend. In dieser Beziehung wird es vielleicht genügen, wenn ich unseren Lord Coke anführe, einen trockenen Schriftsteller, aber nicht ganz ohne Einbildungskraft. Er sagt von der englischen Jury: »Es scheint mir, daß sich das Recht in diesem Falle in der Zahl 12 gefiel. Denn es

---

[1] Vgl. Usener, »Dreiheit«, Rhein. Museum f. Phil. (N.F.), 56, pp. 35 flg. Auch die Keltischen Völker hatten große Neigung dafür. Vgl. K. Meyer, The Triads of Ireland, in Todd Lecture Series of Royal Irish Acad. (1906) pp. XII und XV.

[2] Die lex XII Tab. wird von Ausonius (Edyll. XI 1. 61) beschrieben als »jus triplex, tabulae quod ter sanxere quaternae, Sacrum, privatum, et populi commune quod usquam est«.

mußten nicht bloß zwölf Geschworene in der Tatfrage sein, sondern auch in alten Zeiten zwölf Richter in der Rechtsfrage in der Finanzkammer, die auch ein Gericht war. Und diese Zahl 12 steht in hohem Ansehen auch in der Heiligen Schrift, wie die zwölf Apostel, zwölf Steine, zwölf Geschlechter u. s. w. zeigen[1].«
Wahrscheinlich war die Pythagoräische philosophische Schule die früheste, die ein System symbolischer Zahlen zusammenstellte. Vielleicht haben die Pythagoräer es von Indien bezogen, denn zu allen Zeiten trat in der Philosophie und Religion der Hindus ein solcher Symbolismus hervor. Die pythagoräischen Ansichten über den Gegenstand hatten Einfluß auf Plato, wie wir aus Timäus entnehmen können[2], und zweifellos auch auf die griechische Mythologie. Vielleicht am stärksten war ihre Wirkung auf die Neuplatoniker. Die Züge Alexanders des

---

[1] Institutes, Part. I, lib. II, cap. XII, § 234. Vgl. Fleta VI, 50. Über den Einfluß der Zahl 3 und Vielfachen der 3 auf Dante, siehe Righetti, Di un Canto falso nella »Commedia«, Roma, 1909, pp. 17 flg. Die alten irischen Rechtsbücher geben auch ein Beispiel symbolischer Zahlen, da ein ganzes Buch aus Heptaden besteht. Vgl. Ancient Laws of Ireland, Band V. S. 117 flg. Dublin, 1901; und K. Meyer, a. a. O. S. XII.

[2] Siehe Übersetzung von Jowett, S. 463, 468, 474; Proclus, Erläuterungen zu Tim. III 181; vgl. Plato, Legg. X. 888 E. Aristoteles scheint im Allgemeinen von diesem Vorwurf frei. Vgl. jedoch De coelo, I. 1 init. 268, wo er die Vollständigkeit der Zahl 3 mit Bezug auf die Linie, die Fläche und die Körper bespricht, und Rhet. I, 2, 3.

Großen brachten die Griechen in unmittelbare Berührung mit der Religion und Philosophie des Ostens und waren, wie man annimmt, maßgebend für die Spekulationen der späteren griechischen Schulen. Es ist nicht meine Absicht, und es ist auch nicht der Ort, auf die Theorien über den Ursprung und die Bedeutung der obenerwähnten symbolischen Zahlen einzugehen. Ich befasse mich mit der Nummer 3. Den Gelehrten ist es wohl vertraut, daß mit dieser Zahl ein besonderer mystischer Wert verbunden war[1]. Um das zu wiederholen, was ich in meinem Aufsatze in der Festschrift für Carlo Fadda gesagt habe, den ich in der Vorrede angebe: »Für viele der führenden Völker des Altertums stellte sie die göttliche Macht vor. Als Beweis dafür genügt es, auf die drei Götter der indischen Mythologie hinzuweisen: Vishnu, Siwa und Brahma[2] und die Dreieinigkeit der christlichen Lehre. Von vielen alten Philosophen wurde sie wieder als

---

[1] Wegen der Erklärung des Ursprungs des mystischen Werts der Zahl 3 siehe Diels, Archiv für Geschichte der Phil., X p. 231—3; Usener a. a. O. S. 348—62. Sie verfolgen ihn bis in die früheste Zeit der Menschheit, als 3 noch die höchste Zahl war, bis zu der gezählt werden konnte und »viel« bedeutete. Tylor, Primitive Culture, I. p. 220. Als Beispiel dafür möge die Bezeichnung tribus für eine Gemeinschaft dienen.

[2] Und die drei Göttinnen-Durga, Lakshmi und Sarasvati. Auch die egyptischen Triaden (z. B. Amon, Mut und Khonsu) waren sehr verbreitet. Vgl. Maspero, Études de Mythologie Egyptiennes, Bd. II S. 386 flg.

die am meisten symbolische Zahl betrachtet, denn sie bedeutete den Anfang, die Mitte und das Ende aller Dinge, sowie die drei Dimensionen des Raumes[1].« Hervorgehoben soll noch werden der ungeheure Einfluß von drei bei den Wallisern und Iren. Der Name einer Triade wurde in diesen Ländern gegeben einer Art literarischer Erzeugnisse, bei denen der Gegenstand in Gruppen von drei geordnet war. K. Meyer sagt darüber: »Ich habe nicht bemerkt, daß literarische Ware dieser Art außerhalb von Irland und Wales dieselbe Volkstümlichkeit erreicht hätte, wo die Fabrikation von Triaden zu einer Art von Sport wurde[2].« Er gibt eine oder zwei interessante Beispiele moderner Triaden an, und sagt, sie seien im Volke noch vor einiger Zeit in lebendiger Erinnerung gewesen.

Die zwei folgenden sind unterhaltend und mögen angeführt werden:

»Drei unangenehme Dinge im Hause: ein zänkisch Weib, ein schreiend Kind, und ein qualmender Rauchfang«[3].

---

[1] Studi Fadda, V, S. 210. Vgl. Usener, Dreiheit, Rhein. Museum f. Phil. (N. F.) 58, S. 31 flg.; Lobeck, Aglaophanus, S. 384 bis 9 flg. Über den Begriff der Dreiheit in der Einheit siehe ferner Usener a. a. O.; vgl. Martial, Ep. V. 24, »Hermes omnia solus, et ter unus«.
[2] Todd. Lect. Series, S. 15.
[3] Vgl. damit den alten deutschen Spruch:
  Drei Ding im haus sind ungelegen:
  Der rauch, ein bös weib und der regen.

»Die drei schönsten Anblicke in der Welt: ein Feld in reifem Weizen, ein Schiff in vollem Segel, und das Weib eines MacDonell in Schwangerschaft«[1].

Aber unter allen Umständen war die Zahl 3 bei den alten Römern bei weitem die wichtigste[2].

---

[1] Meyer, Todd Lect. Series, S. 9. In England und auch in Deutschland, bleiben noch heute einige Zeichen des alten Aberglaubens über. Z. B. man sagt noch in England »the third time is the lucky one« und in Deutschland findet man häufig die Sprichwörter, »aller guten Ding sollen drei sein« und »dreimal (oder, drei mal drei) ist Bubenrecht«. Siehe Grimm, Wörterbuch, v. »Drei«, für andere Beispiele. Vgl. das französische Sprichwort: Le troisième coup fait feu.

[2] Auf dem Symbolismus der Zahlen 4 und 7 soll doch hingewiesen werden. Die Pythagoreer betrachteten die Nummer 4 (die τετρακτύς) als die vollständige Zahl, die Wurzel der ganzen Natur und den Grund aller Dinge. Sieh Themist., Phys., Buch III und die bei Roby, Introd. to Digest, S. XXIX angeführten. Ihr Bedeutung in der Heiligen Schrift ist bekannt und bedarf keiner Belege. Nicht minder symbolisch war die Zahl 7 (wahrscheinlich deswegen, weil sie, wie Philo sagt, eine Vereinigung war von $3+4$ oder, wie andere behaupten, von $3+1+3$, nicht aber, wie gewöhnlich angenommen wird, aus astrologischen Gründen, ebenso wie der Symbolismus von 9 und 12 veranlaßt ist dadurch, daß sie 3×3 und 3×4 sind) So wird in der Heiligen Schrift das ganze Buch der Apokalypsis beherrscht durch die Zahl 7 z. B. 7 Kirchen, Geister, goldne Leuchter usw.; anderwärts finden wir sieben Tage der Woche und eine Menge anderer Beispiele. In Griechenland war die 7 dem Apollo und dem Dionysos heilig. Wir haben auch in Rom manchen Beweis ihres Einflusses, in den sieben Königen, Hügeln, Testamentssiegeln usw.; vgl. Aulus Gellius, N. A. III 10. 17; Apuleius, Metam. XI, 238. Justinian selbst sagt uns in seiner Einleitung zu den Digesten (Tanta § 1), er habe die

— 7 —

Als ungleiche Zahl erfreute sie sich selbstverständlich der guten Vorbedeutung, die die Römer mit solchen Zahlen verbanden: »numero deus impare gaudet«[1]. Aber wir sehen überall ihren Einfluß. Sehr unzweideutig zeigt ihn die römische Mythologie[2]. So haben wir die Kapitolinische Triade für Jupiter, Juno und Minerva, die drei Furien, die drei Parzen und andere, — die meisten den Griechen entlehnt, einige immerhin ursprünglich[3]. Aber jeder Zweig des römischen Lebens, des weltlichen und des religiösen, des privaten und des öffentlichen, wurde davon berührt. In dem eigenartigen Gedicht von Ausonius, Griphus

Einteilung in sieben Teile gemacht: »non perperam neque sine ratione sed in numerorum naturam et artem respicientes«. Vgl. bes. Smith, Dict. of Bible, unter »Sieben«; Hofmann, Z. f. R. G., S. 343 flg.; Hadley, Essays Philological and Critical, S. 325 flg. Vgl. auch über den Symbolismus der Nummern 7 und 9 in der griechischen Mythologie, Roscher: Sieben und Neunzahl in Abhandl. der Königl. Sächs. G. d. W. (1904).

[1] Vgl. Virg. Eclog. VIII 73—77. Über Numas angebliches Gesetz betreffend den Kalender berichtet Macrobius: »Numa in honorem imparis numeri adiecit diem«. Vgl. auch Censorinus d. d. Nat. XX. 4; Plato, Legg. IV 717.

[2] Ebenso bei den Griechen. Nach der Berechnung von Usener enthält Hesiods Theogonie fünfzehn Triaden der Götter und kleinerer Gottheiten; sieh Rh. M. f. Ph. (N. F.) 58. 1, S. 4. Τριτογένεια war der Name der Athene und Τρισμέγιστος des Hermes. Über den Einfluß der Zahl 3 auf die Mysterien, vgl. Hildebrand. Proleg. zu seiner Ausgabe von Apuleius, Metam. p. XXXVII.

[3] Die kapitolinische Triade als solche scheint graeco-etruskisch gewesen zu sein. Eine andere bemerkenswerte Triade

ternarii numeri¹, gibt er, nach älteren Schriftstellern, von Pythagoras angefangen, eine Menge von Beispielen, nach denen die Natur und die Kraft der Nummer 3 bei den Römern richtig beurteilt werden kann. Kurz, die Zahl drei scheint den Römern bedeutet zu haben Periodizität, und daher infolge eines natürlichen Übergangs Vollständigkeit; es war ihnen die vollkommene Nummer: Tres numerus super omnia². Die überlieferte Abkunft der Römer von den drei Stämmen (Ramnes, Tities und Luceres) und die daraus folgende politische Einteilung der ursprünglichen Bevölkerung in drei Tribus ist ein erwähnenswertes Beispiel³. Beweis für den frühen Symbolismus dieser Zahl ergibt sich auch klar aus den XII Tafeln. Eine der merkwürdigsten Vorschriften der Decemviralen Rechtsaufzeichnung ist so

---

war Ceres, Liber, Libera; entsprechend Demeter, Dionysus Persephone. Über die drei Grazien vgl. Seneca, de Benef. I, 3, 3. Er fragt, warum deren Zahl drei sein sollte, wie die Stoiker meinten, (nicht zwei wie andere annahmen), und erklärt, sie hätten entsprochen den tria beneficiorum genera: »promerentium, reddentium, simul accipientium reddentiumque«. Vgl. die Anm. von Bouillet in Lemaire's Ausg.

¹ Ausonius, Edyllia, XI.
² Dortselbst Zeile 88; vgl. dortselbst Z. 52. So »omne perfectum trinum est«. Sieh auch Plutarch, de Isid. et Osir. 56 (τὰ μὲν γὰρ τρία, πρῶτος περισσός ἐστι καὶ τέλειος), von G. May in seinem Referat in Nouv. Rev. Hist. XXXV, 94 Anm., angeführt.
³ Es erscheint auch im Tripudium des carmen arvale.. Vgl. darüber Warde Fowler in Classical Review XVI S. 211,

ausgedrückt: »Si pater filium ter venumduuit, filius a patre liber esto«[1]. Das bedeutet, daß die potestas des paterfamilias über seinen Sohn ein Ende nimmt, wenn er den Sohn dreimal verkauft. Die Gewalt des Vaters über den Sohn wurde als so durchgreifend betrachtet, — indem sie den Begriff der potestas ebenso einschloß wie den des dominium, — daß der Verkauf des Sohnes sie nur hemmte, nicht zerstörte. Wenn der Sohn nachträglich vom Erwerber freigelassen worden ist, so fiel er in die patria potestas zurück, Dasselbe Ergebnis trat ein, wenn er noch einmal verkauft und wieder freigelassen wurde. Doch wenn er zum drittenmal verkauft worden ist, dann wurde die potestas als erloschen angesehen, und sollte er nochmals freigelassen werden, so wurde er homo sui iuris[2]. Eine andere Regel der XII Tafeln war die sogenannte usurpatio trinoctialis[3]. Das bedeutet, daß ein Weib, das der Wohnung ihres

---

[1] Tab. IV, 2 (Schoell).

[2] Es ist nicht möglich zu entscheiden, ob die Regel von den Dezemvirn stammt oder einer älteren Gewohnheit ihren Ursprung verdankt. Gaius (IV § 79) meint, sie sei von den Dezemvirn für die Zwecke der emancipatio und adoptio eingeführt worden; aber diese Anwendungen rühren viel eher von der interpretatio her, und es ist wahrscheinlicher, daß die Absicht ursprünglich gewesen ist, die Söhne von der Härte zu befreien, daß sie von ihren patres familias mehrmals verkauft oder verpfändet werden konnten. Wegen einer andern Ansicht, vgl. Girard, Manuel, p. 183.

[3] Tab. VI, 4 (Schoell).

Gatten in jedem Jahre an drei aufeinanderfolgenden Nächten fernblieb, die Entstehung der manus durch Ersitzung verhinderte[1]. Eine andere Bestimmung der XII Tafeln, die für meinen Vorwurf von Bedeutung ist, bezieht sich auf den Schuldner, der aus einem rechtskräftigen Urteil infolge der manus iniectio bei seinem Gläubiger in Haft ist. Er mußte durch 60 Tage vom Gläubiger gefangen gehalten werden und diese Zeit hindurch an drei aufeinanderfolgenden nundinae (ternis nundinis) vor dem Prätor auf dem Marktplatze ausgeboten werden. Am Schlusse der dritten nundinae, mangels der Bezahlung der Schuld oder der Dazwischenkunft eines Vindex, wurde er dem Gläubiger zugesprochen, der mit ihm tun konnte, was ihm gefiel[2]. Eine andere bezeichnende Vorschrift der XII Tafeln lautete: »Cui testimonium defuerit, is tertiis diebus ob portum obvagulatum

---

[1] Gaius I, § 111; vgl. Gellius III, 2, 13.

Da die XII Tafeln von einem trinoctium (nicht von einem triduum) sprechen, so durfte die Frau vermutlich bei Tage bei ihrem Herde bleiben und ihre häuslichen Pflichten erfüllen, wenn sie nur bei Nacht außer dem Hause war. Vgl. die Regel, derzufolge der flamen Dialis nicht an drei aufeinanderfolgenden Nächten von seinem Hause wegbleiben durfte (Gell. N. A., X. 15) auf die G. May in Nouv. Rev. Hist. XXXV p. 95 A., die Aufmerksamkeit lenkt. Gellius sagt dort auch, daß die Priesterin Jupiters nicht mehr als drei Stufen einer Stiege oder Leiter steigen dürfe.

[2] Tab. III, 5. Auch »tertiis nundinis partis secanto« in III, 6; vgl. Gellius XX, 1, 49.

ito«[1]. Diese Vorschrift wird verschieden erklärt: man glaubt unter anderen, sie beziehe sich auf einen Kläger, der vor dem Hause seines Schuldners diesen laut zur Erfüllung seiner Schuld ruft[2]. Geschah das an drei aufeinanderfolgenden Tagen, so konnte an dem verstockten oder zahlungsunfähigen Schuldner, gegen den die in ius vocatio nicht möglich war, auch in seinem eignen Hause die manus injectio vorgenommen werden. Außer den genannten gibt es noch manche andere Fälle in den XII Tafeln, wo die Zahl 3 eine Rolle spielt[3]. Später, zumal bei klassischen Juristen, ergibt eine Reihe von Sätzen, Regeln, Rechtssprichwörtern, wie sehr sie die Vorstellung der Vollkommenheit und Vollständigkeit erweckte. Solche sind z. B. ius trium liberorum, tria onera tutelarum dant ex-

---

[1] Tab. II, 3; Festus »vagulatio« (Ausg. Mueller) S. 375.

[2] Vgl. Voigt XII Tafeln I p. 535. Sollte das richtig sein, so würde die Dharna des indischen Rechts eine interessante Analogie bieten. Anders Mommsen, Z. d. Altertumsw. 1844, S. 457.

[3] Vgl. den dies comperendinus, die drei Arten der unerlaubten Handlungen, die drei Arten der Injuria. Manche Schriftsteller glaubten, es seien drei adjudicationes in drei besondern liberales causae notwendig gewesen, um die Sklaverei eines angeblich Freigeborenen festzustellen. Vielleicht war eine solche Regel in den XII Tafeln enthalten; aber der Beweis ist unsicher und gibt keine Gewähr für die Behauptung, daß wirklich drei actiones vorhanden gewesen wären. Vgl. Dig. VII, 17, 1, pr., 1; Buckland, Law of Slavery S. 668.

cusationem, die tria verba (do, dico, addico), das ex tribus maribus des SC. Afinianum[1].

Zweifellos wurden die römischen literarischen, philosophischen und juristischen Schriftsteller ebensosehr durch den ternarius numerus, wie durch andere symbolische Zahlen beeinflußt in der äußeren Anordnung und dem Aufbau ihrer Werke[2]. Das wurde oft bemerkt. Wie bereits hervorgehoben wurde, war das so bis Justinian und sogar bis ins Mittelalter. So sagt Justinian in der Constitutio Tanta: »Omni igitur Romani iuris dispositione composita, et in tribus voluminibus, id est Institutionum, et Digestorum seu Pandectarum, necnon Constitutionum, perfecta, et in tribus annis consummata[3].« Daß ein ähn-

---

[1] Dreiheiten wie: »habes, tenes, possides« und »do, lego, testor« verdienen Erwähnung. Andere finden wir bei Eyssenhardt, Justinians Digesten nach Drittheilen, Leipzig, 1845. Siehe auch May a. a. O. S. 95. Die Bemerkung von Pernice, Labeo I. S. 292 die Regel tres facere collegium (D. 50, 16, 85) sei entstanden um die Mehrheit zu sichern, ist unannehmbar. Eher entstand sie deswegen, weil »drei« die vollständige symbolische Zahl war. Eine Körperschaft konnte ihr Dasein fortsetzen auch ohne die Möglichkeit einer Mehrheit.

[2] Vgl. Roby, Introd. to Digest S. XXIX—XXX; Hofmann, Z. f. R. G. XI S. 340 flg. und XII S. 180 flg. Hofmann nennt es »Zahlenspielerei«. Er gibt Gründe dafür an, daß Justinian unter dem Einfluß der Neupythagoräischen Philosophie die Vorliebe für mystische Zahlen gewann.

[3] Tanta § 12, vgl. § 23, und Omnem reipublicae § 7. Über den möglichen Symbolismus der mittelalterlichen Einteilung der Digesten in drei Teile (vetus, infortiatum, novum), vgl. Puchta, Inst. I S. 644, flg.

licher Einfluß auch auf die Behandlung des Stoffes einwirkte, insbesondere auf die Einteilung und Gliederung, ist mir ganz klar, und ich will es auf Grund juristischer Überlieferung auf den folgenden Seiten beweisen. Dieser Einfluß verleitete die Juristen, oder wenigstens einige von ihnen, oft bei juristischen Gegenständen, Logik und Proportion aus den Augen zu lassen, und führte zu unbefriedigenden, zuweilen sogar mißverständlichen Lehren. Wie ich anderwärts gesagt habe: »Fast notwendigerweise wirkt die Einteilung des Stoffes auf die Behandlung des Gegenstandes ein, und wenn sie schlecht ist, so kommen Gegenstände nebeneinander, die in Wahrheit nicht gleichgeordnet sind, es entstehen wertlose Unterscheidungen und der ganze juristische Gliedbau ist schädlich beeinflußt [1].«

Der Einfluß des ternarius numerus tritt am besten hervor in den Institutionenbüchern der Juristen, da wir dort selbstverständlich vor allem die Einteilungen und Gliederungen suchen, aber er findet sich in allen ihren Schriften. Die meisten Juristen unterliegen ihm mehr oder weniger, aber bei Ulpian, der von der stoischen Philosophie offenbar angekränkelt war, ist er besonders sichtbar. Vielleicht ist es nicht zuviel gesagt, daß wir bei Ulpian erwarten

---

[1] Studi Fadda V, S. 209.

dürfen, er werde eine Rechtseinsicht oder Lehre immer in drei Teile gliedern, wenn immer der Gegenstand es zuläßt oder es ihm auferlegt werden kann[1].

Wollen wir ins Auge fassen den Symbolismus der Vollkommenheit, den die Römer mit der Zahl 3 verbinden, so mögen Beispiele gegeben werden, wie sehr sie die Juristen bei ihren Einteilungen beeinflußte. Unter »Einteilung« verstehe ich die Gliederung des Gegenstandes oder Stoffes in Teile, die sich gegenseitig ausschließen oder mit anderen Worten, die Einteilung nach Gattung und Art; das Wort gilt nicht von den bloßen Unterarten und Formen einer Gattung, die selbstverständlich unbestimmt sind und unendlich sein mögen[2]. Die letzten, einer Einteilung unfähig, werden gewöhnlich mit den Worten eingeführt: velut, sicut, ut, ut puta, quorum in numero u. ä., obwohl einige dieser Ausdrücke zweifellos gelegentlich gebraucht werden, wenn eine erschöpfende Aufzählung gemeint wird[3].

---

[1] Denselben Vorwurf kann man auch Paulus machen, der, nach seinen Schriften zu urteilen, der stoischste unter den Stoikern war. Aber genau gesprochen trifft der Vorwurf eher die älteren Schriftsteller, aus denen Paulus und Ulpian schöpften.

[2] Allerdings ist der Unterschied zwischen Art und Unterart in der Jurisprudenz oft ebenso willkürlich und schwierig wie in den Naturwissenschaften. Vergleiche über die letzte, Life and Letters of Charles Darwin II, 88.

[3] Vgl. Gai I, 120 und III. 141; Cohn, Beiträge, Heft 2,

Die Vorliebe der römischen Juristen für die Dreiteilung[1] wurde von modernen Schriftstellern allerdings bemerkt[2], aber, soviel ich sehe, suchte keiner nach Gründen dafür, oder war bestrebt, sie zu erklären. Ich führe nun nebeneinander einige wichtige Dreiteilungen an und beschränke mich dabei auf die vornehmsten Teile des Rechts und die Gegenstände, von denen in den ersten Büchern der Gaianischen und Justinianischen Institutionen die Rede ist, und auf die verwandten Stellen bei Ulpian und in den Digesten; später werde ich jede von ihnen besonders behandeln.

S. 45. Über die Gliederung und Einteilung in Gattungen sieh Cicero Top. §§ 30—4. Die Juristen gebrauchen leider die Ausdrücke genera und species ungenau, z. B. species der Verbindlichkeiten und genera der Verträge bei Gai. III 88. Vgl. Inst. III, 13 ş 2. Wir haben genera anstatt species furtorum in den Inst. IV, 1, § 3. Vgl. Gai. III, S. 182—3.

[1] Tripertitus (oder tripartitus) gebildet aus dem Zahlwort und pars (partior) ist ganz klassisch: Cicero de Off. III 2. 9: Top. 90. Bekanntlich war das früheste Werk über das römische Recht, über das ein deutlicher Bericht vorhanden ist, die Tripertita von Sextus Aelius, von dem Pomponius [D. I, 1, 2, § 38] sagt, es habe aus drei Teilen bestanden, die er mit seiner eigenen Dreiteilung der Rechtsquellen in Einklang bringt (dortselbst § 6). Außer tripertitus sind zahlreiche andere lateinische Wörter, die ebenso die Dreiheit bildeten aus einer Zusammensetzung mit tres entstanden, so: triplex, ternarius, trifarius, triplasius, triplus, triplaris.

[2] Vgl. Savigny, System I. S. 395; Mommsen, Röm. St. R. III, 1, S. 8 An.; Eyssenhardt, Digesten, S. 270 sq.

Die Mehrzahl dieser Dreiteilungen finden sich bei Ulpian, einzelne nur bei ihm.
1. Die Vorschriften des Rechts sind: honeste vivere, alterum non laedere, suum cuique tribuere[1].
2. Öffentliches Recht besteht in sacris, in sacerdotibus, in magistratibus[2].
3. Privatrecht ist zusammengesetzt aus ius naturale, ius gentium, ius civile[3].
4. Jedes Recht wurde entweder durch Übereinkunft gemacht oder durch Notwendigkeit geschaffen, oder durch Gewohnheit eingerichtet[4].
5. Prätorisches Recht wurde eingeführt von den Prätoren zum Zwecke der Unterstützung, oder Ergänzung oder Verbesserung des ius civile im öffentlichen Interesse[5].
6. Die kaiserlichen Konstitutionen als Quelle des Privatrechts sind decretum, edictum, epistula[6].
7. Der Gegenstand des Privatrechts bezieht sich entweder auf Personen oder auf Sachen, oder auf Ansprüche[7].
8. Jede Rechtsvorschrift betrifft entweder den

---

[1] Ulpian in lib. I. Reg. D. I, 1, 10 § 1; Inst. I. 1, § 3.
[2] Ulp. 1. I. Inst. D. 1, 1, 1, § 2.
[3] Ulp. in lib. I. 1. I. Inst. D. 1, 1, 1, § 2; Inst. I, 1, § 4.
[4] Modestin lib. I. Reg. D. I, 3, 40.
[5] Papin. in lib. II. Def. D. 1, 1, 7.
[6] Gai I. § 5; Ulp. in lib. I, Inst. D. I. 4, 1, § 1; Inst. I, 2 § 6.
[7] Gai. I. § 8; Inst. I. 3 pr.; D. I. 5, 1.

Erwerb, oder die Erhaltung, oder die Beschränkung eines subjektiven Rechts[1].
9. Personen werden zusammengefaßt in 1. liberi und servi, 2. cives, latini, und peregrini und 3. sui und alieni iuris[2].
10. Die Personen werden eingeteilt in liberi, servi und libertini[3].
11. Die Freigelassenen werden eingeteilt in cives, latini und dediticiorum numero[4].
12. Die Sklaven können das Bürgerrecht unter drei Bedingungen erwerben, und es gibt nach dem ius civile drei Arten der Freilassung: vindicta, censu, testamento[5].
13. Die Gewaltunterworfenen sind entweder in potestate, oder in manu, oder in mancipio[6].
14. Die Ehen werden nach dem ius civile geschlossen farreo, coemtione, usu[7].
15. Die Emanzipation und Adoption eines filiusfamilias wird bewirkt durch drei Mancipationes und drei Manumissiones[8].

---

[1] Ulp. in lib. II. Inst. D. 1. 3, 41.
[2] Gai. I. § 9, 12, 48.
[3] Inst. I, 5 pr.; Ulp. in lib. I. Inst. D. 1, 1, 4.
[4] Gai. I. § 12; Ulp, Reg. I. § 5. Vgl. Inst. I. 5 § 3.
[5] Gai. I. § 17; Ulp. Reg. I. § 6.
[6] Gai. I. § 49; Ulp. Reg. XIX. § 18.
[7] Gai. I. § 110. Ulpian sagte das zweifellos auch in Reg. IX., aber die Handschrift ist hier lückenhaft. Es war auch in seinen Institutionen enthalten, so wie sie von Boethius in Topica 3, 4 angeführt werden; vgl. Girard, Textes S. 467.
[8] Gai. I. 132; Ulp. Reg. X. § 1. Weder Gaius noch Ju-

16. Von den Gewaltunterworfenen personae sui iuris wird gesagt: quaedam vel in tutela sunt, vel in curatione, quaedam neutro iure tenentur¹.
17. Die Vormünder werden eingeteilt in legitimi, aut senatus consultis constituti, aut moribus introducti².
18. Der Status besteht in libertas, civitas, familia³.
19. Capitis diminutio ist eingeteilt in maxima, media und minima⁴.

Diese 19 Punkte bilden die große Mehrheit der prinzipiellen Einteilungen der ersten Bücher der Institutionen von Gaius und Justinian und ähnlicher Werke⁵.

---

stinian geben die Arten der Begründung der patria potestas ausdrücklich an; aber aus ihrer Beschreibung in den Institutionen ergibt sich, daß gerade drei Arten da waren: Geburt in echter Ehe, Adoption und Legitimation: die letzte ist selbstverständlich etwas ganz anderes bei Gaius und Justinian.

' Gai. I. §142; Inst. I. 13, pr. Hier war offenbar eine Dreiteilung beabsichtigt.

² Ulp. Reg. XI. § 2; vgl. Ulp. in D. 26, 1, 6, 2. Weder Gaius noch Justinian geben ausdrücklich eine Einteilung in ihren Institutionen. Sieh unten S. 43 N. 1.

³ Paul. in D. 4, 5, 11.

⁴ Gai. I. § 159; Ulp. Reg. XI. § 10; Just. I, 16, pr.; Paul. in D. 4, 5, 11.

⁵ Zweifellos finden sich in den Institutionen von Gaius und Justinian auch andere als Dreiteilungen. Der Einfluß des ternarius numerus ist tatsächlich in diesen Werken nicht so auffällig wie bei Ulpian, und vielleicht unterlagen ihm weder Gaius noch Justinian bewußt. Gaius grundlegende Unter-

Es wäre vielleicht übereilt zu behaupten daß alle unter dem mystischen Einflusse der Zahl 3 entstanden sind; aber ich kann mich der Schlußfolgerung nicht erwehren, daß die große Mehrzahl durch sie veranlaßt worden ist. Sie sind größtenteils, wenn nicht insgesamt, überliefert. Eine kritische Prüfung, zu der ich nun schreite, wird zeigen, daß sie, mit wenigen Ausnahmen, weder logisch sind, noch der Behandlung des Gegenstandes entsprechen, den sie in ihren Teilen darstellen.

1. Drei praecepta iuris soll es geben: honeste vivere, alterum non laedere, suum cuique tribuere. Es ist kaum zweifelhaft, daß diese Stelle von irgendeinem philosophischen Schriftsteller

---

scheidung des Rechts in ius gentium und ius civile wird unten behandelt. Auch mit einem anderen wichtigen Gegensatz im Rechte befasse ich mich unten, dem des ius publicum und ius privatum (vielleicht entnommen Aristoteles Rhet. I, 3, 2: λέγω δὲ νόμον τὸν μὲν ἴδιον τὸν δὲ κοινόν). Eine andere Zweiteilung in ius scriptum und ius non scriptum wurde wie Ulpian bemerkt (Dig. I. 1, 6, und Inst. I, 2 § 3), den Griechen entlehnt, vielleicht Aristoteles (Rhet. 1, 13, 2). Sieh Schrader, Commentary on the Institutes, zu dieser Stelle. Gaius bedient sich ferner der logischen Zweiteilung der Menschen in liberi et servi und der liberi homines in ingenui et libertini, während Ulpian, wie bemerkt, die Dreiteilung hat. Von der Adoption sagt Gaius I. § 98, »duobus modis fit«, während Ulpian Reg. VIII, 2, sie beschreibt als geschehen »aut per populum aut per praetorem vel praesidem provinciae«, wo er wie gebannt zu sein scheint durch sein gewöhnliches Verhalten, wenn auch die Entgegenstellung von aut und vel vielleicht zeigt, daß er eine Dreiteilung nicht beabsichtigt.

herrührt[1]. Es ist klar, daß keine dieser Vorschriften eine Regel des positiven Rechts ist. Ehrbar leben ist z. B. ein guter moralischer Grundsatz, aber das Recht dringt nicht darauf. Der Schutzmann wird erst angerufen, wenn die Unehrbarkeit oder Unsittlichkeit in der Übertretung einer Rechtsregel besteht. »Non omne quod licet, honestum est«, sagt Paulus[2]. Eine ähnliche Kritik fordern die zwei andern Vorschriften heraus. Die zweite scheint logisch in der dritten enthalten zu sein. Oder es würde das honeste vivere, wenn es im weiteren die bejahenden und verneinenden Pflichten einschließenden Sinne genommen wird, für sich allein die anderen zwei enthalten[3]. Es wäre auch

---

[1] Vgl. das was Schrader, Instit. zu dieser Stelle, anführt In einer von Schrader angeführten Stelle aus Thomasius, Not. ad Instit, h. 1., werden diese Vorschriften, wie 'ich glaube, mit Recht mit den drei Haupttugenden der Stoiker in Zusammenhang gebracht.

[2] D. 50, 17, 144, pr. Vgl. D. 23, 2, 42, pr. und 50, 17, 197, wo von der Ehe gesagt wird: »semper in coniunctionibus non solum quid liceat considerandum est sed et quid honestum sit«.

[3] Siehe die Beurteilung bei Sav. Syst. I, S. 409, der die praecepta nicht als Rechtsregeln sondern als die Grundlage betrachtet, auf der die Rechtsregeln beruhen. Puchta, Inst. § 102 Ac., glaubt, das honeste vivere sei »eine Reminiszenz aus den Stoikern« und fügt hinzu: »Es würde dann eine Bestätigung davon sein, daß dergleichen Entlehnungen so gut wie gar keinen Einfluß auf den eigentlichen rechtlichen Gehalt der Tätigkeit der Juristen hatten, denn wir finden nicht, daß aus jenen praecepta iuris das Recht wirklich abgeleitet worden wäre«. Darüber unten.

für Justinian folgerichtiger gewesen zu sagen, der allgemeine Rechtsgrundsatz sei Gerechtigkeit zu üben, nachdem die iustitia bereits bestimmt worden ist als constans et perpetua voluntas ius suum cuique tribuendi[1]. Andererseits, wollte man jedes dieser drei praecepta einschränkend auslegen, so wären sie unvollständig und könnten entsprechend vermehrt werden. So hätte Ulpian Gaius entnehmen und hinzufügen dürfen: »male nostro iure non uti«[2].

2. Öffentliches Recht ist dreiteilig, bestehend in sacris, in sacerdotibus, in magistratibus[3]. Diese sonderbare Einteilung stammt ebenfalls von Ulpian und ist eine Folge seiner ursprünglichen Zweiteilung in ein ius publicum und ius privatum. Es ist interessant, daß eine Dreiteilung des Rechts in ein ius sacrum, publicum und privatum den Schriftstellern vor Ulpian bekannt war und von Quintilian angegeben wird[4] und sich, in einem etwas verschiedenen Sinne, im Kodex wiederfindet[5]. Hätte Ulpian dies an-

---

[1] Inst. I, 1, pr.
[2] Gai. I. § 53.
[3] D. I, 1, 1, 2.
[4] Orat. II. 4, 33. Sie findet sich auch bei Ausonius, Edyll. XI. 1. 62. Oben S. 2, A.
[5] Cod. I. 2, 23. [In meiner Schrift: Beiträge zur Theorie der Rechtsquellen (Berlin 1902), habe ich nachgewiesen, daß die Einteilung des Rechts in ius sacrum und ius civile die ursprüngliche war. Jus sacrum ist das Recht, das sich auf die Götter bezieht, ius civile wurde wohl aus der Gesamtheit

des pontifikalen Rechts nachträglich als das Recht ausgeschieden, das die Bürger angeht. Jus publicum trat später als dritter Bestandteil dazu: es ist das Recht, das den Staat angeht. Zum ius publicum gehören zunächst die leges (lex publica), vor allem die XII Tafeln. In der Kaiserzeit beginnt man auch das Edikt, die senatus consulta, die constitutiones zum ius publicum zu zählen, um sie den leges gleichzustellen. Das ius civile ist im Gegensatze zum ius publicum ausschließlich Gewohnheitsrecht und Juristenrecht, nach den Worten des Pomponius: »ius quod sine scripto venit, compositum a prudentibus«. Später wird ius civile mit ius gentium zusammengestellt, da dieses auch Gewohnheitsrecht war, und für die römischen Bürger nur dadurch verbindlich werden konnte, daß es römisches Juristenrecht wurde. Ulpian fügt noch das ius naturale hinzu. Jus civile, ius gentium, ius naturale bilden alle zusammen das ius privatum, das daher nur Gewohnheitsrecht und Juristenrecht enthält: »collectum etenim est ex ¦civilibus praeceptis, aut iuris gentium aut naturalibus«, sagt Ulpian. Praecepta civilia, iuris gentium und naturalia, die das ius privatum ausmachen, gehören alle dem Gewohnheitsrecht an, im Gegensatze zum ius publicum, das aus den leges, senatusconsulta. dem edictum und den constitutiones besteht. Es handelt sich hier nur um die ursprüngliche Bedeutung der Ausdrücke ius civile, ius publicum und ius privatum. Selbstverständlich haben diese Ausdrücke ihre Bedeutung mehrmals gewechselt: kein einziges Wort hat je seine Bedeutnng ungeändert Jahrhunderte hindurch behalten. Jus civile bedeutet, wie ich in den Beiträgen zur Theorie der Rechtsquellen dargelegt, etwas anderes, je nachdem ihm ius legitimum, ius honorarium, ius gentium, ius criminale oder ius militare entgegengesetzt wird. Aber die ursprüngliche Bedeutung ist die regelmäßige noch bei den Juristen der severischen Zeit. Der Gegensatz ius civile — ius publicum entspricht vollständig dem englischen Gegensatz: common law — statute law. Selbstverständlich hat aber auch common law eine wechselnde Bedeutung je nach dem Gegensatz, in den es gebracht wird. Im Gegensatz zur equity bedeutet es annähernd dasselbe, wie ius civile im Gegensatz zu ius honorarium. (A. d. Ü.)]

genommen, so würde das selbstverständlich die Trichotomie des ius publicum beeinträchtigt haben. Unter magistratus müssen wir offenbar einordnen das weite Gebiet der Gesetzgebung, des Beamtentums, der kaiserlichen Verwaltung und Besteuerung, mit einem Worte das ganze Verfassungs- und Verwaltungsrecht. Aber gibt es eine wirkliche Unterscheidung zwischen sacris und sacerdotibus, so daß es gerechtfertigt werden kann, wenn der Jurist sie in eine Linie stellt mit magistratibus? Jeder der beiden Ausdrücke würde ebensogut alle öffentlichen Materien des ius divinum bedeuten, wie magistratibus die bedeuteten, die sich auf ius humanum bezogen. Aber praktisch war die Einteilung wertlos und blieb unberücksichtigt. Natürlich und logisch wäre eine Zweiteilung in ein ius divinum und ius humanum[1], entsprechend der modernen Einteilung in ein staatliches und kirchliches Recht, wobei ius humanum in ius publicum und privatum unterzuteilen wäre. Ulpian kannte doch tatsächlich die Einteilung in ius divinum und ius humanum und verwertete sie für die Lehre von den Interdikten[2].

3. Privatrecht ist dreiteilig: a) gemeinsam den Menschen und den niederen Tieren (ius naturale); b) gemeinsam allen Völkern (ius gentium), und c) nur für die römischen Bürger

---
[1] Sieh Cic. de leg. II und III.
[2] D. 43, 1, 1, pr.

verbindlich (ius civile)[1]. Diese Gliederung des Privatrechts, von einem ganz verschiedenen Standpunkte als des öffentlichen Rechts, ist schwerlich weniger anfechtbar. Sie rührt kaum von Ulpian her, sondern viel eher von irgendeinem unbekannten stoischen Philosophen, dem er sie entnommen hat, und wenn wir vielleicht zwei unbedeutende Schriftsteller ausnehmen, Hermogenian und Triphonin[2], so hat kein Jurist sie angenommen. Die Zweiteilung von Gaius in ius gentium und ius civile[3] war selbstverständlich Ulpian ganz gut bekannt, und wenigstens nach dem Corpus Juris war es die einzige, die die Juristen ausdrücklich anerkennen[4]. Wir können jedenfalls sagen, daß praktisch kein Jurist einen Unterschied zwischen ius naturale und ius gentium machte. Ius naturale wird von

---

[1] Ulp. in D. I, 1, 1, § 2; Inst. I, 1, § 4.

[2] Savigny (System, Beilage I, S. 415) glaubt, daß diese zwei Juristen sich der Dreiteilung anschlossen, aber die Digestenstellen, die er darauf bezieht, sind nicht überzeugend. D. 12, 6, 64; 16, 3, 31 und 1, 1, 5. Es wurde vermutet, daß die zwei ersten Stellen und eine Stelle von Paulus, D. 18, 1, 34, 1 interpolirt worden seien; sieh Mitteis, Privatrecht S. 63. A. Das ist unwahrscheinlich.

[3] Gai. 1, 1; Cicero, de Off. III, 5, 23 sagt: »ius naturae, id est gentium«.

[4] Z. B. Marcian in D. I, 8, 2 und 4. Florentin in D. I, 8, 3; Paul. in D. 1, 1, 11; 23, 2, 14, 2; und 50, 17, 84, 1. Modestin in D. 38, 10, 4, 2. Der Ausdruck ius gentium wird teilweise in einem weitern, teilweis in einem engern Sinne gebraucht. Vgl. Mitteis a. a. O. und die von ihm Angeführten.

Ulpian bestimmt als das »quod natura omnia animalia docuit«, wie coniunctio maris atque feminae, liberorum procreatio, educatio[1]. Diese Begriffsbestimmung erhebt das triebhafte Verhalten der Vögel, Säugetiere und Fische ins Rechtsgebiet und moderne Schriftsteller haben sich oft gewundert, daß ein wissenschaftlichangelegter Jurist, wie Ulpian, sie angenommen habe. Gleichzeitig hat man sie philosophisch zu erklären versucht (z. B. durch die stoische Lehre von natürlichem Leben), aber die Rechtswissenschaft kann keine dieser Erklärungen zulassen[2]. Das Recht bezieht sich nicht auf Triebe, die der Mensch mit Tieren gemein hat[3]. Die einzige theoretische Folgerung, die Ulpian selbst daraus gezogen hat, war, daß Sklaverei dem Naturrecht widerspreche, aber durch ius gentium anerkannt sei[4]; mit bezug auf praktische Folge-

---

[1] D. I, 1, 1, 3.
[2] Vgl. Sav. Syst. I, 416; Vinnius, Com. ad. Inst. I. 2, pr. Ulpian selbst sagt (D. 9, 1, 1, 3) »nec enim potest animal iniuria fecisse quod sensu caret«.
[3] Cic. de fin. III, 20, 67.
[4] Diese Vorstellung ist zweifellos den Stoikern entlehnt. Sogar in bezug auf die Sklaverei kann man kaum zugeben Ulpian hätte an seine eigene Begriffsbestimmung gedacht. Die mittelalterlichen Juristen, Ulpian folgend, verfielen in ähnliche Schwierigkeiten wegen des Gegenstandes. Sieh Odofredus im Digestum vetus I, 1, 6, der die Glosse von Irnerius anführt. Diese Glosse findet sich bei Savigny, Geschichte des röm. R. in Mittelalter IV. S. 387. Vgl. auch Carlyle, Mediaeval political theory in the West, Vol. II. S. 28—33.

rungen ist er ihr in Wirklichkeit nicht gefolgt und machte keinerlei Gebrauch davon, sondern unterschied im Gegenteil an anderen Stellen als den soeben genannten, nicht zwischen ius naturale und ius gentium [1]. Obwohl Justinian in seinen Institutionen, die Dreiteilung Ulpians im allgemeinen annimmt, weicht er doch gleichzeitig, wie Savigny sagt, gedankenlos von ihr ab [2]. Er gibt zunächst Ulpians Begriffsbestimmung des ius naturale, und dann setzt er fort, das ius gentium mit den Worten Gaius bestimmend: »quod naturalis ratio inter omnes homines constituit« [3]. Sohin ändert er ein wenig seinen Begriff des ius gentium [4], indem er sich auf die menschlichen Gebräuche und gesellschaftlichen Bedürfnisse bezieht (»usu exigente et humanis necessitatibus«), wie sich aus den Konsensual- und anderen Verträgen ergibt [5]. Schließlich vergißt er, wie jeder Anfänger weiß, in dem übrigen Werk ganz auf die dreiteilige Gliederung (abgesehen vom Ursprung der Sklaverei), und an einer Stelle setzt er sogar ausdrücklich ius naturale gleich ius gentium [6].

---

[1] Zum Beispiel D. 9, 2, 50; 10, 4, 3, 15; 16, 2, 6; 43, 16, 1, 9; 44, 7, 14; 50, 16, 10.
[2] Inst. 1, 1, 4; 1, 2, pr. Sieh Sav., Syst. I, S. 419.
[3] Inst. 1, 2, 1.
[4] Inst. 1, 2, 2.
[5] In dieser Beziehung folgt er Ulpian und Hermogenian; D. I, 1, 4; 5.
[6] Sieh Inst. 2, 1, 11 und sieh 1, 2, 11.

In einer Beziehung konnte ja zweifellos im Sinne der klassischen Juristen ius naturale und ius gentium unterschieden werden, und die dreiteilige Begriffsbestimmung gerechtfertigt erscheinen. Das Recht, das sich auf die naturalis ratio inter omnes homines gründet, von Gaius ius gentium genannt, entsprach vollkommen dem ius naturale oder ius naturae der Philosophen und philosophierenden Juristen des früheren Kaiserreichs[1]. Es war wesentlich theoretisch und beruhte auf der Spekulation, und in diesem Sinn war es verschieden vom ius gentium, historisch genommen, das von früherer Zeit her einen Teil des ius Romanum bildete[2]. Daß das Eigentum durch occupatio oder traditio erworben werde, und daß verbindliche Verträge durch bloße Willensübereinstimmung abgeschlossen werden können, das waren Beispiele für das ius gentium im letzteren Sinne, und darauf mochte die Bezeichnung ganz gut beschränkt werden, während aus dem ius gentium im weiteren Sinne, sich unter anderen solche Dogmen ergaben (hauptsächlich Wirkungen der stoischen Philosophie auf die Juristen) wie die Persönlichkeit der Sklaven, naturalis cognatio und natu-

---

[1] Vgl. Cic. de Off. III, 5, 23.

[2] Das wird in unbestimmter Weise angedeutet in Inst. I, 2, 2, aber die Bestimmung, die dort gegeben wird, ist zu weit für das historische ius gentium.

ralis obligatio[1]. Unglücklicherweise haben die Juristen die beiden Bedeutungen nicht auseinandergehalten. Wie immer es sein mag, sie rechtfertigt nicht Ulpians dreiteilige Bestimmung, die für alle Zeiten das bleiben muß, was Savigny eine »Kuriosität« nennt, und nur durch die Vermutung erklärt werden kann, die ich verteidige.

4. Die Lehre von Modestinus über die Rechtsquellen, »omne ius aut consensus fecit aut necessitas constituit aut firmavit consuetudo«, ist sehr verschieden in ihrem Ausgangspunkt von der Papinianschen in D. 1, 1, 7 (wo er fünf Quellen des geschriebenen Rechts angibt)[2] und von den wohlbekannten Einteilungen von Gaius und Justinian. Modestins Einteilung ist offenbar überlieferungsgemäß, und Cuiacius meint, sie sei dem Griechen Menander entnommen[3]. Modestin war nicht der Mann um sie zu erfinden. Sie ist wissenschaftlich und praktisch wertlos, obwohl Cuiacius einen geistreichen aber vergeblichen

---

[1] Sieh darüber Voigt, Jus naturale, etc., I. S. 286, flg., Krüger, G. d. Quellen § 17. Die früheren Schriftsteller über Völkerrecht, z. B. Grotius und Puffendorf, legen auf diese Unterscheidung Nachdruck. Für das griechische Recht sieh Schulin, Geschichte d. röm. R. S. 85—6.

[2] [In meiner Schrift über die Theorie der Rechtsquellen habe ich bewiesen, daß sich die Papinianstelle in ihrem ursprünglichen Zusammenhange nur auf das Erbrecht oder das Aktionenrecht bezogen haben kann (A. d. Ü.)].

[3] Obs. XIV. c. 16; sieh Quint., Inst. X. 1, 69.

Versuch macht, sie zu erklären¹. Sie wurde nie in Gebrauch gesetzt.

5. »Ius praetorium est, quod praetores introduxerunt adiuvandi vel supplendi vel corrigendi iuris civilis gratia.« Diese in gewissen Beziehungen bewunderungswürdige Begriffsbestimmung Papinians wurde von modernen Schriftstellern viel behandelt und so aufgefaßt, als ob sie eine erschöpfende Aufzählung der prätorischen Neugestaltungen hätte sein sollen². Aber ich kann den Verdacht nicht unterdrücken, daß ihre drei Teile, die Cuiacius »tres virtutes iuris praetorii« nennt, irgendeinem philosophierenden Schriftsteller entlehnt seien. Damit mag die Bestimmung Justinians in den Institutionen verglichen werden, wo die Ausdrücke: confirmandi, emendandi, und impugnandi iuris civilis gratia gebraucht werden³.

6. Die kaiserlichen Konstitutionen werden als Rechtsquellen eingeteilt in drei Arten: decreta, edicta und epistulae⁴. Die rein juristische Ein-

---
¹ Cuiac. Observ. XIV. c. 16. Er meint »omne ius« müsse auf die leges, senatusconsulta und consuetudo beschränkt werden, auf welche Dreiteilung des Gegenstands die Titelüberschrift (D. I, 3) sich beschränkt. Seine Beweise sind nicht überzeugend. Er versucht auch den Text anders zu erklären, unter der Annahme, er beziehe sich auf den ganzen Rechtsstoff. Hätte er an die stoische Trichotomie gedacht, er hätte sich die Mühe gespart. Sieh auch Otto, Thesaur. III, S. 695.
² Vgl. z. B. Sohm, Instit. § 110.
³ Inst. 3, 9, pr., 1.
⁴ Oben, S. 16 A. 6; Krüger, Quellen. S. 99.

teilung scheint keinen ernsten Einwendungen zu unterliegen. Sie mag von Gaius stammen, dürfte aber jedenfalls nicht viel älter sein. Aber sie ist unvollständig, sie läßt die mandata aus[1]. Diese mandata, obwohl sie zuweilen zu den constitutiones in Gegensatz gebracht werden (z. B. Dig. 47, 11, 6), sind doch nur eine Unterart davon. Die Gründe, die neuere Schriftsteller für die Auslassung angenommen haben, sind nicht befriedigend. So wurde gesagt, sie seien ihrer Natur nach edicta, wären daher unter diese gefallen; von anderen wurde behauptet, die Absicht sei gewesen, sie als epistulae mitzubezeichnen; wieder von anderen, man hätte sie vorsätzlich ausgeschlossen, da sie sich hauptsächlich nicht auf Privatrecht, sondern auf öffentliches Recht bezogen[2]. Aber gegenüber den Texten können diese Ansichten nicht standhalten[3].

7. Der Gegenstand des Privatrechts sind Personen, Sachen und Ansprüche. Personen, Sachen und Ansprüche bedeuten in diesem Zusammenhange die Subjekte, den Gegenstand und

---

[1] Zweifelhaft ist es, ob nicht auch die leges datae, (z. B. Salpensana) eingeschlossen werden sollten. Sieh Schulin, G. d. röm. R., S. 102.

[2] Vgl. Schrader, Instit. I, 2, § 6. Puchta, Inst., an der in der nächsten Anm. angeführten Stelle.

[3] Sieh D. 4, 1, 1, pr.; 29, 1, 1, pr.; fr. 2; 34, 9, 2, 1; Pernice Z. d. Sav. St. VI, S. 297 flg. Über die Möglichkeit einer Interpolation in D. 1, 4, 1, 3, sieh Puchta, Inst. I, § 110 Anm. g.

den Schutz der Rechte. Ich will mich nicht auf eine erschöpfende Beurteilung dieser berühmten Einteilung einlassen, über die schon soviel geschrieben worden ist, und die so sehr die mittelalterliche und moderne juristische Methode beherrscht hat[1]. Sie hat ihre Vorteile, aber sie ist ganz unlogisch. Abgesehen von dem Mangel an Folgerichtigkeit, der darin liegt, das Recht der Ansprüche dem Recht der Personen und Sachen gleichzuordnen, denen es sich eigentlich anschließt: sie zwang Gaius, das Eigentum als res corporalis, Erbrecht und Forderungen als res incorporales zu behandeln, wobei die Rechte an den Sachen mit den Sachen selbst verwechselt wurden[2].

Hier ist es wieder fraglich, ob Gaius (dem Ulpian zweifellos in seinem liber regularum folgt) seine Dreiteilung einem älteren Schrift-

---

[1] Bekanntlich war es zweifelhaft, ob die Forderungen in der Justinianischen Einteilung unter die res oder die actiones fielen. Theophilus behandelt sie in seiner Paraphrase als unter die actiones fallend.

[2] Vgl. Austin, Jurisprudence II. S. 764—6. Er bemerkt über die Gaianische Methode: Als Folgerung aus der gut begründeten Unterscheidung zwischen dem Personen- und Sachenrecht, die Gaius . . . . . angenommen hat, sollte die Haupteinteilung (nach Zweck und Subjekt) nicht drei- (um soweniger vier-) sondern zweifach sein: der Gegenstand des Rechts der Ansprüche (d. i. Zivilprozeß), als vom status unberührt . . . . eingeschlossen im Sachenrecht und die verschiedenen durch den status veranlaßten Abweichungen unter den verschiedenen status, durch die sie veranlaßt werden«.

steller entnommen hat, und die Wahrscheinlichkeit spricht sehr zugunsten dieser Annahme. Sie wirft ihren Schatten bereits in nicht juristischen Werken voraus, z. B. in Varros **Antiquitates**, wo dies er, im Zusammenhang mit der Lehre von den res divinae zuerst von Personen mit bezug auf Sachen, dann von den loca sacra et religiosa, und schließlich vom Kalender und den Festtagen handelt[1]. Alle Versuche, die Einteilung durch Gründe der abstrakten Jurisprudenz zu erklären, scheinen mir ganz hinfällig[2], wie die alte Ansicht von Duarenus, derzufolge Gaius nicht beabsichtigte drei einander ausschließende Teile festzustellen, sondern zu zeigen, daß das ganze Recht mit Bezug darauf studiert werden könne[3]. Der Urheber der Ein-

---

[1] Vgl. Girard, **Textes** (3te Aufl.) S. 203; Karlowa **Röm. R. G.** I, S. 725. Über die Ansicht, daß sie eher von Gaius herrühren würde als überliefert wäre, sieh Sav., **Syst.** I. S. 395—7, wo er sich auf Hugo, **Civil. Mag.** 5 S. 403, und 6, S. 286 bezieht. Hugos Ansicht, daß sie einem ältern nicht juristischen Schriftsteller entnommen sei, scheint mir am wahrscheinlichsten. Karlowa a. a. O. bemerkt: »Diese Einteilung ist wahrscheinlich ein altes Gemeingut der römischen Rechtsgelehrten, auf sie vererbt von der alten pontifizischen Jurisprudenz«, und er bezieht sich auf Böcking, **Pandekten, I**[2], Anhang VI; vgl. Quintilian, X, 1 von Eyssenhart, Digesten, etc. S. 28, angeführt.

[2] Sieh Austin, **Jurisprudence** II S. 764—66.

[3] Die Stelle von Duarenus wird angeführt von Böcking in seiner Gaiusausgabe und von Emerton, **The Threefold Division of Roman Law**, S. 19, (London, 1888). Emerton findet, es spräche für die Ansicht des Duarenus daß Gaius

teilung, sei es Gaius sei es ein anderer, wollte eine Dreiheit haben und dem mußte sich die Lehre anpassen, Aber man kann die Einteilung auch dem herkömmlichen Einfluß der Stoa zuschreiben[1]. Dafür spricht, daß Ulpian in seinen Institutionen eine andere Dreiteilung des *omne ius* vornahm oder entlehnte, die, wie wir sofort sehen werden, ohne jeden wissenschaftlichen Wert ist.

8. Ulpian sagt in seinen Institutionen, so wie sie in den Digesten angeführt werden: »Totum autem ius consistit aut in adquirendo aut in conservando aut in minuendo: aut enim hoc agitur, quemadmodum quid cuiusque fiat, aut quemadmodum quis rem vel ius suum conservet, aut quomodo alienet aut amittat.« Das ist eine etwas sonderbare Einschränkung des totum ius, aber wir dürfen vielleicht annehmen, daß es sich bei Ulpian nur um das Privatrecht handle. Kann jemand zweifeln, daß Ulpian sie irgendeiner philosophischen oder pseudophilosophischen Abhandlung entnahm? Er hat ihr offenbar keine Bedeutung beigemessen. Die Schriftsteller ließen diese Stelle. soviel ich sehe, in der Regel abseits

---

vel anstatt *aut* gebraucht, aber ich halte seinen Beweis nicht für überzeugend. Vgl. Sav., Syst. a. a. O.

[1] Vgl. wie die Stoiker die Philosophie einzuteilen pflegten n Logik, Naturwissenschaften und Ethik. Sieh August., de Civ. Dei, XI c. 25. Für meine Zwecke ist es übrigens gleichgültig, ob es von einem stoischen Schriftsteller über Jurisprudenz stammt oder von alter pontifikaler Überlieferung.

liegen, aber Savigny macht darüber einige Bemerkungen. Nachdem er festgestellt hatte, daß jedes Rechtsverhältnis seine eigenen Regeln hat, nach denen es entsteht und untergeht, und daß diese Regeln so wichtig sind, daß sie bei vielen Rechtsverhältnissen allein den Gegenstand der Untersuchung bilden, führt er die obige Stelle an und fügt hinzu: »Hier wird noch ein neues Moment in die Mitte jener beiden [d. i. Entstehung und Untergang] gestellt: das conservare. Nimmt man dieses im eigentlichen Sinne für die Bewirkung der Fortdauer des Rechts selbst, so fällt es mit dem dritten zusammen indem es dann als die Negation des dritten (oder umgekehrt) aufgefaßt werden kann; dann sagt aber auch das »totum ius consistit« viel zu viel. Ist dagegen das conservare als Erhaltung der Ausübung oder als Rechtsverfolgung gedacht, so umfassen allerdings jene drei Momente den größten Teil aller Rechtsregeln überhaupt; dann aber sind die drei Momente nicht so gleichartig, daß diese Zusammenstellung derselben gerechtfertigt werden könnte[1]«. Das mag richtig sein, aber ich bin mir trotzdem ganz klar über die Albernheit des Textes und seine Wertlosigkeit für Ulpian selbst. Ein Gebrauch wurde davon kaum gemacht[2].

---

[1] Syst. III. S. 2, Anm. (b).
[2] Abgesehen vielleicht von der Dreiteilung der possessorischen Interdikte? Darüber unten.

9. Die Einteilung der Personen in drei Klassen: 1. liberi und servi; 2. cives, latini und peregrini; 3. sui iuris und alieni iuris wurde von Gaius nicht ausdrücklich getroffen, aber er hat sie offenbar ziemlich klar im Bewußtsein getragen. Es ist unbekannt, ob er sie entlehnt habe. Die zweite Klasse bezieht sich bei ihm ausdrücklich nur auf die liberti, die er einteilt in cives, latini und peregrini dediticiorum numero[1]. Es ist nicht leicht zu sagen, warum er nicht auch für die ingenui eine ähnliche Einteilung vornahm. Vielleicht hat er die Erörterung der Civität und Peregrinität als eher dem öffentlichen Rechte als dem Privatrechte angehörend betrachtet. Was der Grund auch sein mag, er spricht von freigeborenen Bürgern, Latinern und Peregrinen nur gelegentlich, und nur, um auf die Analogie der drei Klassen der Freigelassenen hinzuweisen. Es ist zweifellos ein Mangel dieser Einteilung, daß die Sklaven sowohl unter »erstens« als auch unter »drittens« fallen[2].

10. Die Personen teilt Ulpian wieder ein, iure gentium, in drei Klassen: »liberi, et his contrarium servi, et tertium genus liberti«[3]. Das

---

[1] Gai. I. 12. — Mommsen, Staatsrecht III. 1, S. 8. Anm. 2.

[2] Über eine logische Einteilung der Personen vgl. Sav., Syst., II. S. 58 und 59.

[3] Seine Sprache scheint eine herkömmliche Einteilung anzudeuten. Sieh oben S. 17.

ist eine offenbar unlogische Einteilung, denn liberti sind den zwei anderen nicht gleichgeordnet, sondern sind eine Unterart der liberi; sie entspricht auch nicht Ulpians eigener Bestimmung der Freilassung als einer »datio libertatis« (D. I, 1, 4). Gaius vermeidet die Unfolgerichtigkeit und teilt mit Recht die Personen in servi und liberi ein, mit Unterteilung der letzteren in ingenui und libertini[1]. Einige Schriftsteller meinten, Ulpian habe unter liberi verstanden ingenui[2], aber auch das wäre keine gute Einteilung und ist nur ein Versuch, seine Logik zu retten. Überdies hätte ein klassischer Jurist nicht gesagt ingenuitas im Gegensatz zu servitus. Es ist schwer anzunehmen, Ulpian, dem die Zweiteilung von Gaius geläufig sein mußte, wäre es entgangen, daß er sich kreuzende Einteilungen gemacht habe. Ob er sie entlehnt habe oder nicht, ich sehe keine Erklärung, als den Wunsch nach einer Dreiteilung.

11. Gaius sagt (I, § 17) über den Erwerb des Bürgerrechts durch einen Freigelassenen: »in cuius persona tria haec concurrunt, ut major sit annorum triginta, et ex iure Quiritium domini, et iusta ac legitima manumissione liberetur, id est vindicta aut censu aut testamento, is civis

---

[1] Gaius I. 9. Justinians Redaktoren geben zunächst die Gaianische Einteilung (Inst. I, 3, pr., § 5), und dann nachlässigerweise die Ulpianische (Inst. I, 5, pr.).

[2] Sieh Schrader, Inst. I. 5 pr.

Romanus erit; si vero aliquid eorum deerit, Latinus erit.«. Hier haben wir drei Bedingungen und drei Arten der Freilassung. Was die Bedingungen betrifft, so wurde bloß die zweite und dritte nach dem alten ius civile gefordert, damit ein römischer Bürger geschaffen werde; die erste entstand durch lex Aelia Sentia. Offenbar sollten die drei Bedingungen erschöpfend sein, aber sie sind ungenau. Nach der Aelia Sentia kam es auf das Alter des Herrn ebenso an wie auf das des Sklaven, er mußte mehr als 20 Jahre alt sein [1]. Vielleicht war das jedoch ein Übersehen von seiten des Gaius, oder eine Folge seiner Darstellung.

Außer diesen drei genannten Freilassungsarten (die Ausonius vielleicht als Beispiel für den ternarius numerus unter triplex libertas[2] versteht), gab es noch andere Arten der Freilassung mit Erwerb des Bürgerrechts: so die Begünstigung durch ein staatliches Gesetz[3].

---

[1] Gai. I. § 18, 38; vgl. Ulpian, Reg. I, § 12, 13. Im westgothischen Gaius waren die regelmäßigen Freilassungsarten verschieden, aber wieder drei: »testamento, aut in ecclesia, aut ante consulem«. Gai. Epit. 1, 1.
[2] Edyll. XI, 1. 65; sieh aber unten S. 38 A.
[3] D. 40, 8. Vgl. auch Inst., I, 11, 12, die Adoption des Sklaven durch seinen eigenen Herrn. Nach dem westgothischen Gaius gab es auch drei Arten unregelmäßiger Freilassung die zur junianischen Latinität führte: »Latini sunt qui aut per epistolam aut inter amicos aut convivii adhibitione manumittuntur«. Was den Magistrat anbelangt, vor dem die Freilassung stattfinden sollte, vgl. Ulp., Reg. I, 7 — wahrscheinlich

Jedenfalls ist die Dreiteilung alt und rein römisch.

12. Die Einteilung der Freigelassenen in cives, latini und dediticiorum numero[1] entspricht offenbar der Einteilung der Freigeborenen in cives, latini, peregrini und gehörte, wie wir gesehen haben, einer der drei Gruppen an, unter denen Gaius die Personen im ersten Buche bespricht. In den Justinianischen Institutionen wird diese Einteilung genannt: tripertitus status[2]. Sie kann selbstverständlich nicht älter sein, als das Kaisertum, da sie sich auf die lex Aelia Sentia und lex Junia gründete. Wir sehen aus Gaius (III, 74—78), daß diese dediticii in bezug auf das Erbrecht teils als Bürger, teils als Latiner behandelt werden, je nach der Art ihrer Freilassung[3]. Diese Einteilung trifft nur der Vorwurf, daß sie nicht erschöpfend ist. Es gab ja auch Freigelassene, die peregrini waren, aber nicht peregrini dediticii: die von einem peregrinischen Eigentümer in Übereinstimmung mit dem Recht seiner eigenen civitas freigelassenen[4].

Consul, Praetor, Proconsul — mit Inst., I, 5, 23 und Schraders Anmerkung dazu.
[1] Oben, S. 17. Sieh auch Gaius, Epit. I, 1.
[2] Vgl. Inst. I, 5, 3. Es ist nicht klar, ob der Ausdruck »triplex libertas« bei Ausonius sich darauf bezieht, oder auf die drei Freilassungsformen. Wahrscheinlich auf diese.
[3] Vgl. Gaius I, § 17.
[4] Plin., Ep. X, 4; Fragm. Dosith., § 12; vgl. Girard, Manuel (4. Aufl.) S. 126.

13. Die Gewaltunterworfenen standen in potestate, in manu, in mancipio. Ursprünglich gab es wohl nur ein Wort für die Gewalt des pater familias im Hause: manus; potestas ist ein späterer Ausdruck. Aber mit der Zeit wurde manus, obwohl es zuweilen auch in einem weiteren Sinne gebraucht wurde[1], technisch auf die Gewalt über die Gattin beschränkt. Mancipium war auch ein Ausdruck des alten Rechts und wurde in verschiedenen Bedeutungen gebraucht, aber mit der Zeit begann es die Gewalt des pater familias über Freie, die ihm manzipiert worden sind, zu bedeuten, die weder liberi noch loco liberorum waren (in mancipio, in causa mancipii). Potestas war, wie manus anfänglich, die Gewalt des Hausvaters im allgemeinen, aber es wurde so besonders die Gewalt über Kinder und Sklaven bezeichnet. Diese Dreiteilung, wie sie Gaius und Ulpian gibt, ist jedoch ganz verkünstelt und ohne wirkliche Grundlage. Mit Rücksicht auf den grundlegenden Unterschied zwischen Kindern und Sklaven in der klassischen Zeit, würde man eine Vierteilung der personae alieni iuris erwarten: in dominica potestate, in patria potestate, in manu und in mancipio, und so bespricht sie auch Gaius in der Tat[2]. Mit Recht hat Poste

---

[1] Z. B. Inst. I, 5, pr.; Dig. 1, 1, 4 und 1, 2, 2, 1; Cod. 8, 48, 6.
[2] Gaius I, § 49 flg. Die Einteilung ist zweifellos älter als

bemerkt: »Die Gewalten des Hausvorstandes waren dem Namen nach drei: potestas, manus, mancipium; aber die potestas war entweder patria oder dominica potestas . . . die um die Zeit, da uns das römische Recht bekannt wird, ihrer Art nach sehr verschieden waren, so daß die Rechte des pater familias in Wahrheit vierartig waren [1].« Die Unterschiede zwischen patria und dominica potestas waren zu allen Zeiten viel größer, als die zwischen manus oder mancipium und patria potestas.

14. Über Gaius und wahrscheinlich Ulpians Einteilung der Ehe cum manu in confarreatio, coemtio und usus ist nur zu bemerken, daß sie Gaius als eine überlieferte wiedergibt, und wenn sie auch einst richtig gewesen sein mag, so war sie zu seiner Zeit gewiß bereits veraltet. Es ist eine römische Dreiteilung. Manusehen wurden noch im zweiten Jahrhundert coemptione abgeschlossen, wenn auch selten, und für gewisse Zwecke sogar confarreatione[2], aber die Entstehung der manus durch usus wurde, wie uns Gaius berichtet, vor seiner Zeit bereits

---

Gaius. In Justinians Institutionen werden die Gewaltunterworfenen eingeteilt in solche in dominica und in patria potestate, da manus und mancipium abgekommen sind. Potestas hieß auch die Gewalt der Vormünder über die Mündel: XII. Tab. v. 7; Inst. I. 13, 1; D. 26, 1, 1. pr.; Gell. v. 19, 10; Vgl. auch D. 50. 16, 215.

[1] Poste, Gaius (3. Aufl.) S. 40.
[2] Gaius I, 112, 113, 136.

abgeschafft, teils durch Gewohnheitsrecht, teils durch Gesetz[1]. Gaius sagt offenbar nicht ein Wort über den Abschluß der Ehe durch bloße Willenserklärung, die zu seiner Zeit die regelmäßige war[2].

15. Das Erlöschen der väterlichen Gewalt über die Söhne wurde bewirkt durch Verkäufe und Freilassungen. Ich habe diesen Symbolismus bereits genügend besprochen. Es ist wahrscheinlich, und scheint allgemein angenommen, daß sich die Regel ursprünglich auf alle Nachkommen bezogen hatte, und daß infolge einer kasuistischen Auslegung der XII Tafeln eine einzige mancipatio und Freilassung für die Emanzipation der Töchter und Enkel genügte[3].

16. Die Gewaltfreien werden von Gaius und Justinian in den Institutionen unterschieden in solche, die unter Vormundschaft, die unter Pflegeschaft stehen, und solche, bei denen weder das eine, noch das andere zutrifft. Die Römer haben keinen Ausdruck gehabt, unserem Mündel (englisch *ward*) entsprechend, die jede unter Vor-

---

[1] Gaius 1, 111.
[2] Hat diese Dreiteilung mit der Behandlung der Ehe durch Justinian in den Digesten irgend einen Zusammenhang? Vgl. Const. Tanta § 5; Hofmann, Z. f. R. G. XI, S. 350, der sagt: »die Zahl drei bedeutet unter anderen auch die Ehe«.
[3] Vgl. Jhering, Geist d. r. R. II. S. 104. Diese Einteilung ist aber, wie G. May (Nouv. Rev. Hist. XXXV p. 95) richtig bemerkt nicht so sehr eine trifaria divisio als ein

mundschaft stehende Person bezeichnet, auch nicht einen Ausdruck für Vormundschaft (englisch *guardianship*). Die Unmündigkeit und Minderjährigkeit waren für sie grundsätzlich verschieden, und sie haben Vormundschaft und Pflegschaft besonders behandelt. Aber wir haben hier eine sonderbare Dreiteiligkeit, bei der das dritte Glied nur für die Zwecke der Symmetrie mit der Dreiteiligkeit der Gewaltunterworfenen vorhanden ist. Es ist offenbar, daß man die Einteilung absichtlich dreiteilig gemacht hatte: »Videamus igitur quae in tutela, quae in curatione sint; ita enim intellegemus ceteras personas quae neutro iure tenentur«[1]. Ebenso folgerichtig wäre es etwa bei der Ehe, zwischen Personen, die cum manu, die sine manu geheiratet haben, und solchen, bei denen weder das eine, noch das andere zutrifft. Aber eine Dreiteilung, bei der ein Teil nicht notwendigerweise eine Erörterung des Verhältnisses zu den beiden anderen zuläßt, ist offenbar wertlos.

17. In den Justinianischen Institutionen und in den Digesten werden die Vormünder behandelt, ohne formelle Einteilung, als testamentarii, legitimi und a magistratibus dati[2], und das

Beispiel für die Regel von der Dreiheit die zur Vollständigkeit notwendig sei. Sieh oben, S. 9.

[1] Gai I. § 142; vgl. I § 50, 51. Diese Einteilungen beruhen auf dem Grundsatz der Aristotelischen Logik: contrariorum cognito uno, cognoscitur et alterum.

[2] Inst. I, tits. 13—20; D. 26, tits. 2—5.

ist unanfechtbar. Das war Ulpian vertraut und von ihm zweifellos angewendet. Aber in den Regulae gibt er eine andere Einteilung, in legitimi, senatusconsultis constituti, und moribus introducti, und das scheint höchst künstlich[1]. Der Ausgangspunkt scheinen die Quellen der Vormundschaft gewesen zu sein. Aber die erste Klasse, die legitimi, ist ohne Verhältnis zu den zwei anderen, da sie jede der drei Arten der justinianischen Einteilung umfaßt: die gesetzliche (agnatische und patronale), die testamentarische und magistratische Vormundschaft[2]. Die zweite und dritte Art bezieht sich nur auf die magistratischen Vormünder, die in besonderen Fällen, sei es auf Grund eines Senatuskonsults, sei es auf Grund eines Herkommens, bestellt wurden. Die senatorischen Vormünder werden

---

[1] Ulp., Reg. XI §§ 2—24. Ulpian scheint es zuweilen aus dem Gesicht zu verlieren. Vgl. XI § 5, 6, wo er offenbar zwischen dem tutor fiduciarius und tutor legitimus unterscheidet. Gaius sagt uns (I § 172), daß der erste keine in iure cessio tutelae vornehmen könne, wohl aber der letzte. Vgl. Ulp. Reg. XI § 17. Ulpian scheint darauf ebensowenig Gewicht zu legen, wie auf seine oben besprochene Dreiteilung des totum ius.

[2] Während Gaius die gesetzlichen Vormünder in drei einteilt: agnati, patroni und liberorum capitum manumissores, werden sie von Justinian in den Inst. unterabgeteilt in agnati, patroni, parentes, und fiduciarii. Andererseits schreibt Ulp. in einer Stelle in den Digesten (26, 4, 1, pr.) den XII Tafeln drei Arten zu: agnati, consanguinei und patroni, eine offenbar nicht einwandfreie Einteilung. Vgl. Gothofredus, Ausgabe des corpus iuris (1663), zu dieser Stelle.

bloß in einigen wenigen Fällen von den Magistraten bestellt, etwa wenn der legitimus tutor der Frau stumm oder geisteskrank war, und eine auctoritas notwendig war, um für sie die Mitgift zu bestellen[1], während die Vormünder des Gewohnheitsrechts ebenso ausnahmsweise von den Magistraten bestellt wurden, so wenn der Mündel oder die erwachsene Frau ihren eigenen Vormund klagen wollte. In einer richtigen Einteilung müßten solche Fälle einfach als Ausnahmen[2] bei der Erörterung der magistratischen Vormünder behandelt werden, wie das Gaius tatsächlich tut[3]. Hat Ulpian das Ciceronianische vor sich gehabt »si partiri velis tutelas, inscienter facias si ullam praetermittas«[4]? Gaius sagt, indem er über die species tutelarum spricht, wie er sie nennt (I, 188): »Si vero quaeramus in quot genera hae species diducantur, longa erit disputatio; nam de ea re valde veteres dubitaverunt, nosque diligentius hunc tractatum exsecuti sumus et in edicti interpretatione et in his libris quos ex Q. Mucio fecimus. Hoc tantisper sufficit admonuisse, quod quidam quinque genera esse dixerunt ut Q. Mucius; alii tria ut

---

[1] Ulp. XI § 21; vgl. Gai. I § 177, 180—3. Dasselbe geschah nach der lex Julia de Marit. ordin., wenn der patronale Vormund ein Mündel war. Gai. I §§ 178, 9; Ulp. XI. § 20.
[2] Ulp. XI. § 24; vgl. Gai. § 184. Ein solcher Vormund wurde technisch praetorius genannt.
[3] Gai. I. § 176—84; vgl. Inst. I, 21, 31.
[4] Cic., Top. § 33.

S. Sulpicius; alii duo, ut Labeo; alii tot genera esse crediderunt, quot etiam species essent«. Diese Stelle zeigt einen etwas befremdenden Mangel an Fähigkeit für systematische Anordnung bei den älteren Juristen.

18. Paulus sagt: »tria sunt quae habemus, libertatem, civitatem, familiam« [1]. Aber Savigny weist mit Recht daraufhin, daß es im Privatrechte weit mehr Dinge gibt, quae habemus: wie Eigentum, Forderungen, Ehe usw. Paulus meinte wahrscheinlich, daß der status im Sinne von caput oder Persönlichkeit aus drei Bestandteilen zusammengesetzt ist: Freiheit, Bürgerschaft, Familie. Dies war das caput nach dem ius civile. Die klassischen Juristen haben offenbar die unpassende Dreiteilung erfunden, indem sie annahmen, niemand erfreue sich aller öffentlichen und Privatrechte, der nicht alle diese drei Dinge besäße. Aber in der civitas war die familia enthalten. Anderseits war die Unterscheidung zwischen civitas und libertas in alter Zeit gewiß unbekannt: wer kein civis war, war de iure ein Sklave und hatte kein caput [2].

19. Die capitis deminutio kann die größte,

---

[1] D. 4, 5, 12. Sav., Syst., II. Beil. VI. 9 (S. 508—10).

[2] Darauf weist das Wort *liber* hin, das den Sklaven und das Kind bedeutet. Über liber und libertus vgl. Mommsen, Röm. Staatsrecht, III. S. 8, 62, 421. Über die Cap. dem. sagt Savigny: »die ganze Stelle des Paulus erscheint demnach nur als ein mißlungener Versuch, die dreifache capitis deminutio auf eine rationelle Weise zu begründen«.

die mittlere und die kleinste sein[1]. Es gibt in den Quellen verschiedene Stellen, die beweisen, daß anfänglich nur zwei Arten der capitis deminutio waren, die größere und die kleinere (magna oder major und minor), und daß die Dreiteilung von den Juristen aus dem letzten Jahrhundert des Freistaats herrührt[2]. Die magna cap. dem. bedeutete Verlust der Bürgerschaft und damit aller öffentlichen und Privatrechte, die minor cap. dem. zog bloß den Verlust des caput auf dem Gebiete des Privatrechts nach sich. Damit waren alle Fälle gedeckt. Aber die Juristen teilten die magna capitis dem. in eine maxima und media oder minor ein, auf Grund der Unterscheidung zwischen dem Verluste des Bürgerrechts der mit dem Freiheitsverluste verbunden war, und solchem, bei dem das nicht der Fall war, der den Bürger bloß auf den Status der Peregrinen herabsetzte, und sie nannten die capitis dem. auf dem Gebiete des Privatrechts eine cap. dem. minima. So erhielten sie eine Dreiheit. Sowohl bei der cap. dem. maxima als auch bei der media ging das Bürgerrecht verloren, aber die erste führte zur

---

[1] Ausonius gibt dies als Beispiel des ternarius numerus. Edyll. XI 1. 65.

[2] So spricht Ulpian in D. 38, 16, 1, 4, nur von der magna und minor, aber er macht dort keine Einteilung. Über die wechselnde Terminologie der Quellen sieh Sav., System II, § 68 d; vgl. Kuntze, Inst. II, S. 368.

Sklaverei, nicht so die letzte[1]. Wir bekommen dadurch ein anziehendes, aber etwas unfolgerichtiges Gleichmaß, maxima schließt die beiden anderen, media die minima ein, denen die drei Bestandteile des Status, das ist libertas, civitas, familia, entsprachen[2]. Diese Vermutung über den Ursprung der Dreiteilung hat nachträglich viel Unterstützung gefunden in den Untersuchungen der modernen Schriftsteller[3]. Wenn die vorstehenden kritischen Bemerkungen richtig sind, so muß zugegeben werden, daß die Einteilungen des Rechts, von denen bisher die Rede war, zum größten Teil tripertita sind ohne logische Grundlage und nur erklärlich nach der Theorie, die ich verteidige. In den anderen Rechtsgebieten, von denen in den drei übrigen Büchern der Institutionen von Gaius und Justinian die Rede ist, tritt die Dreiteilung,

---

[1] Konnte ein non civis der cap. dem. maxima unterliegen? Einige Schriftsteller behaupten dies ohne genügende Beweise. Sieh Cohn, Beitr. Heft II, S. 46 flg.

[2] Mommsen bemerkt, R. S. R. III, 1. S. 9, — »die römischen Juristen, um ihre Dreiteilung aufrecht zu erhalten in (1) liberi und servi; (2) Cives, latini, peregrini; (3) sui und alieni iuris; verdunkelten die Bedeutung der cap. dem., indem sie ihr drei Grade beilegten; obwohl sie selbst diese mehrfach auf zwei zurückführen und zurückführen müssen, weil dem späteren Privatrecht Freiheit und Bürgerrecht zusammenfällt. In der Tat sind es nicht zwei Grade, sondern zwei verschiedene, obwohl correlate Rechtsbegriffe.«

[3] Vgl. Mommsen, Staatsrecht, a. a. O.; Krüger, Cap. Dem. Bd. I. Vgl. D. 34, 2, 31.

obwohl sie oft vorkommt, offenbar nicht so hervor, wie in den ersten, während sie im Forderungsrechte der Justinianischen Institutionen, wie ich in der Studi Fadda bewiesen habe, zu künstlichen Vierteilungen Anlaß gibt. Immerhin will ich hier auf einige Dreiteilungen im Sachenrecht und dem Rechte der Ansprüche hinweisen, die Schwierigkeiten verursacht haben, und mir meine Ansicht zu unterstützen scheinen.

a) Es gibt zwei wohl bekannte Dreiteilungen der Interdikte. Durch die erste, die summa divisio genannt wurde, werden sie unterschieden in exhibitorische, restitutorische und prohibitorische [1]. Dafür will ich nur folgende bezeichnende Stelle von Ulpian anführen: »Interdictorum autem tres species sunt: exhibitoria, prohibitoria, restitutoria; sunt tamen quaedam interdicta et mixta, quae et prohibitoria sunt et exhibitoria« [2]. Hier erwähnt Ulpian vier Arten und sagt doch »tria genera sunt« [3].

Die andere Gliederung ist die der sogenannten Besitzinterdikte, die eingeteilt werden in adipis-

---

[1] Gai. IV § 142; Inst. IV, 15, 1; Ulp. in D. 43, 1, 1, 1. Gaius erwähnt drei Einteilungen (tria genera) der Interdikte IV § 142, 143, 156), von denen die Dritte (simplicia und duplicia) zweiteilig ist. Es gab tatsächlich zahlreiche andere Arten. (Siehe z. B. Gai. IV § 170).

[2] D. 43, 1, 1, 1. Vgl. auch D. 43, 4, 3, 2, und Karlowa, Röm. R. G. III, S. 1009.

[3] Vgl. D. II. 14, 5 und Cic., Brutus, § 43, 54, wo Cicero fast ebenso vorgeht.

cendae, retinendae und recuperandae possessionis causa[1]. Ausonius führt das ebenfalls als Beispiel des ternarius numerus an. Er sagt:

> Interdictorum trinum genus; unde repulsus
> Vi fuero, aut utrobi fuerit, quorumve bonorum[2].

Bekanntlich beherrschte diese Einteilung der Besitzinterdikte in großem Umfange die Doktrin. Und doch wurde sie oft als unfolgerichtig angegriffen und seit den Zeiten des Donellus wurden viele Versuche gemacht, den Grund für sie zu finden. Da die interdicta adipiscendae possessionis (zum Beispiel quorum bonorum und Salvianum) bestimmt sind den Besitz von Sachen dem zu verschaffen, der nicht behauptet sie zuvor besessen zu haben, so sind sie, wie man wohl annimmt, verschieden von den interdicta retinendae oder recuperandae possessionis, die den Schutz des vorhanden gewesenen Besitzes zum Ziele haben. Sie werden in den Digesten an verschiednen Stellen behandelt. Savigny, in den älteren Auflagen seines berühmten Buches, zögerte nicht, die interdicta adipiscendae possessionis von den Besitzinterdikten auszuschließen, und beschuldigte die römischen Juristen der Ungenauigkeit bei ihrer Einteilung; aber es scheint nicht, daß ihm der Gedanke gekommen sei, daß die Zusammenstellung der drei dem Einfluß des

---

[1] Gai. IV § 143; Inst. IV, 15, 2; Paul. in D. 43, 1, 2, 3.
[2] Edyll XI. ll. 63—64.

ternarius numerus zuzuschreiben sei[1]. Es bestanden auch, wie wir aus Paulus in Dig. 43, 1, 2, 3 und aus Ulpian in den Wiener Institutionenbruchstücken wissen, interdicta tam adipiscendae quam recuperandae possessionis (wie quem fundum); aber Ulpian und Paulus behandelt diese nicht als vierte Art, sondern ordnet sie bloß als interdicta duplicia ein[2]. Wie es Paulus sagt: »sunt interdicta, ut diximus, duplicia tam reciperandae quam adipiscendae possessionis«[3].

b) Auch die exceptio vitiosae possessionis bei den Besitzinterdikten ist dreiteilig: vi, clam precario[4]. Das erschien in allen Interdikten retinendae possessionis und ist altrömischen Ursprungs. Wegen des Ausschlusses des dolus, und aus anderen Gründen, kann es nur durch meine Lehre erklärt werden. Gegen den vitiosus possessor gab es wahrscheinlich drei voneinander unabhängige rekuperatorische Interdikte: de vi, de clandestina possessione und de precario, aber die Natur des zweiten ist unbekannt[5].

[1] Sav. Besitz. § 37. In den späteren Auflagen ändert er einigermaßen seine Ansicht. Es wäre, wie Savigny meint, ganz unwissenschaftlich die Einteilung damit zu verteidigen, daß jeder dieser Ansprüche das ius possessionis, — das ist einen äußeren Gegenstand der Klage — zur Grundlage hatte.
[2] Vgl. Girard, Textes, S. 467; oben S. 48. A.
[3] D. 43, 1, 2, 3.
[4] Gai. IV. 150—1; Terent., Eunuch. II, 3, 28. Siehe Cuq, in Nouv. Rev. Hist. 1894, S. 24, der bemerkt: »On tenterait vainement de la justifier«.
[5] D. 10, 3, 7, § 5. Siehe Puchta, Inst. II § 225.

c) In D. II, 14, 5 ist folgender Ausschnitt aus Ulpians Ediktenkommentar überliefert: »Conventionum autem tres sunt species. Aut enim ex publica causa fiunt aut ex privata: privata aut legitima aut iuris gentium«. Hier ist ein offenbarer Mangel an Rücksicht für die Logik; Gattung und Art werden in höchst unangemessener Weise gleichgeordnet. Das steht nahe der Ulpianischen Einteilung der Personen in liberi, servi und liberti, und jede Verbesserung der Stelle, die angeregt worden ist, wäre unzulässig[1]. Man würde hier erwarten, und das würde der Behandlung des Gegenstandes bei Ulpian entsprechen, daß Ulpian zwei Gattungen von Vereinbarungen unterscheidet, ex publica causa und ex privata causa[2], bei den letzten zwei Arten: legitimae et iuris gentium. Aber er kann auf die Dreiteiligkeit nicht verzichten.

d) Die Einteilung der Erben in necessarii, sui et necessarii und extranei ist anfechtbar. Gaius sagt: »Heredes autem aut necessarii dicuntur

---

[1] Vgl. Cuiacius, Observ., XV. c. 33; Otto, Thesaur. I, S. 570 und III S. 270, 445. Wegen einer unabhängigen Einteilung im Einklang mit Ulpians Meinung, wenn auch nicht einer Erklärung der Dreiteilung, siehe Voigt, Röm. R. G. II S. 852—3. Vgl. Glück, Erläut. d. Pandekten IV S. 278, der die Verbindung der legitima conventio des fr. 5 mit der des fr. 6 als »sehr unschicklich« bezeichnet.

[2] Cuiacius bemerkt a. a. O., »Tres [species] sunt sane si universas ita numeres, hoc est et genera et species simul, alias duae. Sunt enim generatim pacta, ἢ δημόσια ἢ ἴδια, aut publica aut privata«.

aut sui et necessarii aut extranei«. So war der eingesetzte Enkel in potestate, wenn sein Vater ebenfalls gewaltunterworfen gewesen ist aber enterbt wurde, ein heres necessarius, nicht aber ein suus, und doch wird er in der Bestimmung der heredes necessarii nicht eingeschlossen [1]. Das Hauskind in mancipio, wenn cum libertate zum Erben eingesetzt, hatte, obwohl zu den necessarii gehörend, die abstinendi potestas, die den Sklaven versagt war [2]. Die wahre Einteilung wäre gewesen in necessarii oder voluntarii, oder in domestici und extranei. Schrader bemerkt (Inst. h. l.): »Abit haec trimembris divisio, ut aliae pleraeque, in bimembrem necessariorum voluntariorumque«.

e) Paulus teilt die Verbindlichkeiten vom prozessualen Standpunkte aus ein in: ad dandum aliquid vel faciendum vel praestandum. Er sagt: »Obligationum substantia non in eo consistit, ut aliquod corpus nostrum aut servitutem nostram faciat, sed ut alium nobis adstringat ad dandum aliquid vel faciendum vel praestandum« [3]. Das bezieht sich offenbar auf die Prozeßformeln. Der Sinn des praestare ist nicht sicher. Sicherlich erschien es aber, wenn überhaupt nur in einer

---

[1] Gai. II. § 153; Inst. II. 19, § 1, 2. Er kann nur durch Vermittlung einer Fiktion als suus und necessarius betrachtet werden.
[2] Gai II. § 160.
[3] Paul. in D 44. 7, 3 pr.; Gai. IV. § 2.

Formel für wenige besondere Fälle und hätte nicht den beiden anderen gleichgeordnet werden sollen. Von diesem Standpunkte aus hätte Paulus ebensogut sagen können »damnum decidere« wie »praestandum«[1]. Praestare gehörte jedenfalls zum facere[2]. Savigny sagt über diese Paulinische Einteilung: »In diesem Zusammenhange wäre das faciendum oder das praestandum (neben dem dandum) allein völlig hinreichend gewesen, die an sich überflüssige Zusammenstellung der drei möglichen Gegenstände enthält eine augenscheinliche Anspielung auf die drei gleichnamigen Arten der intentio in den Klagformeln[3].«

f) Die häufige Einteilung der actio, petitio persecutio, schafft Schwierigkeiten, die moderne Schriftsteller vergebens zu beseitigen suchten Sie ist tatsächlich sinnlos, und Ulpian und andere Juristen, die sie annehmen, verfallen nur in Ungenauigkeiten, wenn sie sie zu erklären trachten. Welcher Unterschied zwischen actio und petitio? Ulpian[4] und Papinian[5] sagen, daß actio be-

---

[1] Praestare war in der Tat ein allgemeiner Ausdruck, ebenso dare wie facere umfassend. Siehe z. B. Gai. III, § 155 und IV, § 61. Wegen einer anderen Ansicht über praestare siehe Sav. Syst. V. App. XIV. S. 599 flg. Vgl. Lenel, Ed. (2. Aufl.), S. 287, Anm. 12 und S. 318.
[2] D. 50, 16, 175, 189, 218.
[3] System a. a. O. S. 602. Vgl. Puchta Inst., II, § 165 Anm. a. a. wegen verschiedener Erklärungen bei anderen Verfassern.
[4] D. 50, 16, fr. 178, § 2. Im allgemeinen Sinne sind ihm actio und petitio Synonyme.
[5] D. 44, 7, 28.

sonders von einer Klage wegen eines persönlichen, petitio wegen eines dinglichen Rechts gebraucht werden. Ulpian führt aus: »Actionis« verbum et speciale est et generale. Nam omnis actio dicitur, sive in personam sive in rem sit petitio; sed plerumque »actiones« personales solemus dicere. »Petitionis« autem verbo in rem actiones significari videntur. »Persecutionis« verbo extraordinarias persecutiones puto contineri, ut puta fideicommissorum, et si quae aliae sunt, quae non habent iuris ordinarii exsecutionem. Unbestreitbar ist es jedoch, daß petitio und petere fortwährend gebraucht werden, als allgemeine Ausdrücke, um jede Art der actio, die persönliche sowohl (z. B. der Ausdruck: »si certum petetur«), als auch die dingliche zu benennen. Paulus bringt die petitio in Gegensatz zur vindicatio[1]. Persecutio, von der Ulpian meint, sie habe sich auf die actiones extraordinariae bezogen, wurde unbestimmt gebraucht[2], und Ulpian wird hier von Papinian nicht unterstützt, sondern eher widersprochen[3].

Mitteis, so viel ich weiß, der letzte Schriftsteller, der diese Dreiteilung bespricht, führt die Literatur in der Hauptsache an, und ich weise auf das, was er sagt, hin[4]. Nachdem er die Unmöglichkeit ge-

---

[1] Sent. IV. 1, 18.
[2] Z. B. Dig. 32, 41, 9, 11.
[3] Vgl. oben S. 53, Anm. 5.
[4] Privatrecht 1908, S. 39, Anm. 1 und S. 89—91. Die

zeigt hat, eine befriedigende Unterscheidung der Begriffe festzustellen, und daraus die Ungenauigkeit der Ulpianischen Ansicht folgert, schließt er: »Bestimmte Bedeutungen lassen sich hier überall nicht erkennen, und so kann man es denn schwer vermeiden, mit Bruns in ‚actio petitio persecutio' eine sinnlose Häufung der Ausdrücke zu finden.« (Bruns, Zeitsch. f. R.G. XII, S. 118.) Was Bruns und Mitteis »eine sinnlose Häufung der Ausdrücke« genannt haben, ist eher ein Beispiel für die fortdauernde Neigung zur Dreiteilung.

g) Die rechten Erben werden eingeteilt von Ulpian in sui, consanguinei und agnati[1]. »Intestatorum ingenuorum hereditates pertinent primum ad suos heredes . . .; si sui heredes non sunt, ad consanguineos, id est fratres et sorores ex eodem patre; si nec hi sunt ad reliquos agnatos proximos«. Es ist hier überflüssig die consanguinei zu erwähnen[2] und es geschieht bei keinen andern Juristen. Die consanguinei sind im Ausdrucke agnati enthalten bei Gaius[3]

Dreiteilung ist, wie er hervorhebt, überliefert und findet sich in älteren Gesetzen, wie lex Salpensana, 26, lex Malacitana 58, 62; lex Urson. 129.

[1] Ulp. Reg. XXVI, 1; vgl. Collat. XVI. 4, §§ 1, 2.

[2] Eine ähnliche Unterscheidung macht er bei den gesetzlichen Tutores in D. 26, 4, 1, pr., wo er offenbar eine Dreiteilung der tutores legitimi beabsichtigt. Vgl. Glück, Pandekt. 29, S. 325; supra S. 43, Anm. 2.

[3] Gai. II, §§ 1, 9, 17.

und anderen Schriftstellern; zu Ulpians Zeiten gab es nur zwei Arten der rechten Erben, sui und agnati. Auch entspricht Ulpians Einteilung nicht der der XII Tafeln, die Gaius richtig wiedergibt als in sui, agnati, gentiles [1]. Ob Ulpian aus anderen Gründen, als um eine Vierteilung zu vermeiden, das Erbrecht der gentiles als bloß der Geschichte angehörend bezeichnet? [2]

h) Ulpian macht eine Dreiteilung des Rechts in ein ius civile, honorarium et extraordinarium [3]. Er ist der einzige Jurist, der es tut, aber ihm folgt Justinian in den Institutionen [4]. Diese Einteilung widerspricht der allgemeinen Lehre der klassischen Juristen, die Kaiserlichen Konstitutionen seien bloß eine Fortsetzung des ius honorarium im weiteren Sinne gewesen. Die Kaiser vor Diokletian wurden theoretisch bloß als höhere Magistrate behandelt, wie die Konsuln und Prätoren des Freistaats. Es wurde ver-

---

[1] Paulus sagt (Coll. XVI, 3, 3) ‚Sane consanguineos, quos lex non adprehenderat, interpretatione prudentium primum inter agnatos locum acceperunt'. Sent. IV, 8, 13.

[2] Vgl. Collat. XVI, 4, 2. In dem liber Regularum war dieser Hinweis auf die gentiles zweifellos enthalten, aber der Abschreiber ließ ihn aus. Sieh Girard, Textes (4. Aufl.), S. 459.

[3] D. 50, 16, 10. Creditores accipiendos esse constat eos quibus debetur ex quacunque actione vel persecutione, vel iure civili ... vel honorario, vel extraordinario.

[4] Inst. II. 10, 3, wo vom Testament der Kaiserzeit gesagt wird »hoc ius tripertitum esse«, womit dessen drei Quellen gemeint sind.

mutet, die Ulpianstelle sei ein Tribonianismus, aber dafür ist, glaube ich, kein Grund[1]. Im Gegenteil, gerade die Dreiteilung spricht meines Erachtens dafür, daß es keine Interpolation ist. Im Ulpianischen Regelbuch wird gesagt: »actionum autem quaedam ex contractu, quaedam ex facto, quaedam in factum sunt«. Diese höchst unfolgerichtige Einteilung hat die Ausleger immer sehr erregt, und viele von ihnen sahen darin die Hand Tribonians. Aber sie ist nicht schlechter als manche anderen bereits betrachteten Dreiteilungen Ulpians. Wie sich aus der Stelle selbst ergibt, werden die Actiones in factum conceptae den actiones, die aus einem Vertrage oder aus Verschulden entspringen, an die Seite gesetzt[2]. Aber die actiones in ius sind, wie aus Gaius hervorgeht, der eigentliche Gegensatz der actiones in factum conceptae. Die Stelle ist von Erman[3] mit ausgezeichnetem Scharfsinn ausführlich besprochen worden, und er gelangt zum Schlusse, daß zum mindesten

---

[1] Mitteis, Privatrecht, S. 39, Anm. 1. Mitteis bemerkt auch, »Es ist möglich, daß diese nachklassische Einteilung an die Trichotomie actio, petitio und persecutio in unklarer Weise angeknüpft hat«.

[2] D. 44, 7, 25, § 1, In. fr. 42, 1, h. t., macht Ulpian eine ähnliche ebenso anfechtbare Einteilung: »qui aliquam actionem vel civilem habent... vel honorariam actionem, vel in factum«.

[3] Z. d. Sav. St. XIX, S. 299 flg.; vgl. aber XXIII, S. 447 bis 449. Erman nennt es ein Wortspiel, daß Ulpian sich des Ausdrucks ex facto anstatt des gebräuchlichen ex delicto und ex maleficio bedient.

die Einteilung von Ulpian stammt. Er sagt, mit bezug auf die für eine Interpolation sprechenden Gründe: »Wir können also die, übrigens durch nichts beglaubigte Möglichkeit einer so tiefgreifenden Umarbeitung von Ulpians Regulae für unsere Stelle als durchaus unwahrscheinlich bezeichnen und Ulpians Autorschaft als sicher[1]«. Bis zu einem gewissen Grade entfernt er sich davon, was der Text als Ganzes betrifft, aber wenn ich ihn recht verstehe, verbleibt er bei seiner Ansicht, daß die Dreiteilung Ulpians Werk ist[2]. Jedenfalls halte ich, im Einklang mit meiner Lehre, dafür, daß sie von ihm stammt.

Es gibt viele andere Dreiteilungen in den Quellen, die auf keiner rationellen Grundlage beruhen und durch ihren Mangel an Folgerichtigkeit Verlegenheit bereiten. Aber dafür wurden genügend Beispiele gegeben[3].

---

[1] Z. d. Sav. St. XIX, S. 301.

[2] Dortselbst XXIII, S. 447—9. Es ist sehr wahrscheinlich, daß der letzte Satz in D. 44, 7, fr. 25, 1 von den Kompilatoren geändert worden ist.

[3] Das folgende mag beachtet werden: die Dreiteilung praetorischer Stipulationen bei Ulpian in D. 46, 5, 1, pr. Vgl. die Erklärung bei Puchta (Inst. II. 168 i) mit der Anmerkung von Rudorff. In van Leeuwens Corpus-iuris-Ausgabe wird zu dieser Stelle bemerkt, »Species recte dixit. Puritas enim, dies conditio formae sunt stipulationum, non species«; (2) »tribus modis insula in flumine fit« in D. 41, 1, 30, 2. Eine vierte Art ist tatsächlich erwähnt in fr. 65, § 2 h. t.; (3) atrox iniuria ist ex facto, ex loco, ex persona in Gai. III 225, vgl. Paul.

Sind diese fortwährend wiederkehrenden Dreiteilungen, die, wie wir gesehen haben, nur selten folgerichtig und rationell sind, nicht durch einen allgemeinen Grund erklärbar? Die meisten, die über römisches Recht geschrieben haben, begnügten sich oft zu bemerken, diese oder eine andere Einteilung sei sonderbar, oder unverständlich, oder ein Wortspiel, oder Häufung der Ausdrücke[2], oder sie gaben zuweilen weit hergeholte und unbefriedigende Erklärungen, wie wir gesehen haben in bezug auf die Dreiteilung des ius naturale, gentium und civile und ius

---

Sent. V, 4, 10 und D. 47, 10, 7, 8: locus vulneris wird hinzugefügt in D. fr. 3 h. t, Inst. IV, 4, 9; (4) ‚Edi autem est vel dictare, vel tradere libellum, vel codicem proferre', Ulp. in D. II, 13, 6, 7; (5) urere, frangere et rumpere in der lex Aquilia, die die Ausdehnung auf das corrumpere nötigte; (6) »Impensarum species sunt tres« in Ulp. Reg. VI, 14; vgl. Paul. in D. 50, 16, 79; (7) von den Verbindlichkeiten wird gesagt (D. 50, 16, 19), quaedam agantur, quaedam gerantur, quaedam contrahantur. Das letzte schreibt Ulpian Labeo zu, und wie es in den Digesten erklärt wird, ist es ganz unfolgerichtig und unbestimmt. Sieh Otto Thesaurus I, 672, II, 403; Voigt R. R. G. II, 853; (8) Pulsare. verberare, vi domum introire in der lex Cornelia de iniuriis D. 47, 10, 5, pr. Sieh Auctor ad Herenn. IV, 25, 35; Girard, Mélanges Gérardin, S. 258; (9) Drei Arten des receptum: arbitri, nautarum, cauponum stabulariorum, argentariorum. Vgl. Lenel, Ed. perpet. §§ 48—50; (10) »Munus tribus modis dicitur«, D. 50, 16, 18; »Tres fere causae sunt ex quibus in possessionem mitti solent«, D. 42, 4, 1. Sieh ferner D. 13, 1, 10 pr.; D. 39, 6, 2; D. 50, 1, 1 pr.; D. 48, 16, 1 pr.; D. 50, 16, 215. Es gibt noch aliae divisiones trifariae innumerabiles.

[1] Sieh oben, S. 55.

personarum, rerum und actionum. Aber kann man sie nicht eher der mehr oder weniger bewußten Neigung der Juristen, besonders des Ulpian, zuschreiben, überlieferte Dreiteilungen anzunehmen (sie mögen aus alten Zeiten herrühren oder von den letzten philosophischen Schulen erfunden sein), oder annehmen, sie seien unter dem Einflusse einer auf solche Einteilungen eingerichteten Geistesschulung entstanden? Ich bin überzeugt, daß sie durch beide Gründe veranlaßt worden sind. Darin liegt nichts Unwahrscheinliches. Ich habe gezeigt, daß das Bestreben, tripertita zu wählen, dem römischen juristischen Denken seit sehr alter Zeit eigentümlich ist. Dieses Bestreben ist sehr verbreitet bei den nicht juristischen Schriftstellern der letzten Zeit des Freistaats und des früheren Kaiserreichs. In den Werken der Philosophen, sowohl vor als auch während der klassischen Jurisprudenz, besonders der stoischen und neuplatonischen, aber bis zu einem gewissen Grade der peripatetischen Schule, gibt es eine Fülle von Beweisen für die Hinneigung zu den trifariae divisiones. Sie erscheint zweifellos in den Schriften von Cicero, der, wenn er auch nicht als ein Anhänger einer dieser Schulen beschrieben werden kann, in den letzten Jahren sehr durch den Stoizismus beeinflußt worden ist[1]. So betrachtet er in den Topica die Ein-

---

[1] Gewöhnlich nennt man Cicero einen Akademiker.

teilung des Rechts (ius) im allgemeinen in
»legem, morem, aequitatem«[1] und dafür sagt er,
mit offenbarem Mangel an Folgerichtigkeit, von
der aequitas: institutio aequitatis tripertita est,
una pars legitima est, altera conveniens, tertia
moris vetustate firmata. Atque etiam rursus
aequitas tripertita dicitur esse; una ad superos
Deos, altera ad manes, tertia ad homines pertinere. Prima pietas, secunda sanctitas, tertia
iustitia aut aequitas nominatur[2].

Pernice, den ersten Satz dieser Stelle erläuternd, dessen Bedeutung für mich ganz unbestimmt ist (wie er es wohl auch für Cicero
war), vermutet, er sei unter griechischem Einfluß
entstanden, und bezieht sich auf Aristoteles
(Rhet. I, 13)[3]. Andere Beispiele dieser Art der
Dreiteilung, wahrscheinlich griechischen Philosophen entlehnt, finden sich in den meisten
Schriften Ciceros, mit Ausnahme der Briefe und

---

[1] Cic., Top. § 31; vgl. de Invent. II, 22, §§ 65 sq. und 53,
§§ 161 sq., wonach die Quellen des Rechts sind natura, consuetudo, lex.

[2] Top. § 90. Vgl. ibid § 28, wo aequitas einen anderen
Sinn hat. Topica gründet sich auf den Aristotelianismus,
daher der geringe Einfluß des Symbolismus', besonders der
Zahl 3; oben S. 3.

[3] Z. d. Sav. St. XXII. S. 62, Anm. 1. Leider ist bisher
kein Versuch gemacht worden, die trifariae divisiones Ciceros
zu prüfen, ihre Quelle aufzudecken und ihren Wert abzuschätzen. Ich empfehle diesen Gegenstand unseren jüngeren
Forschern.

Reden, in ungeheurer Zahl[1]. Es wäre selbstverständlich zu viel von Cicero gesagt, der, wie ich hervorhob, keiner Schule angehörte, er sei bewußt unter dem Einflusse der Dreiteilungen gestanden. Man kann nur behaupten, daß er sich zu ihnen in sonderbarer Weise hingezogen fühlte. Nehmen wir z. B. Ad Brutum Orator. Ein großer Teil der Anordnung des Buches beruht auf trifariae divisiones. So ist der vollkommene Redner, wer die tria dicendi genera hat: humilia subtiliter, modica temperate, magna graviter dicere[2]. Dann hebt er hervor, der Redner müsse drei Dinge beachten: »quid, quo loco et quomodo dicat«, von denen das erste von der inventio, das zweite von der dispositio und das dritte von der elocutio abhängt[3]. Dann macht er eine Dreieinteilung (tripartita varietas) der Gegenstände der vollkommenen Beredsamkeit — ad probandum, delectandum, flectendum[4];

---

[1] Vgl. z. B. Cic. de Nat. Deor. II. 30, 75; de Off. I, 3, 10; und II, 9, 31; de Orat. I, 48. Sogar die Reden sind davon nicht ganz frei. Sieh z. B. pro Murena IX. 19, und vgl. damit de Orat. a. a. O. Der Vergleich der zwei letztgenannten Stellen, so weit sie die Aufgaben der Juristen bezeichnen, ist belehrend.

[2] Cic. Orat. ad Brut. § 20, 100; vgl. Rhetor. ad Heren. IV. 8−11, »sunt igitur tria genera, quae genera nos figuras appellamus, in quibus omnis oratio non vitiosa consumitur; unam gravem, alteram mediocrem, tertiam extenuatam vocamus«.

[3] Orat. ad Brut. § 43−57. Ohne diese Dreiteiligkeit zu beachten macht Cicero tatsächlich vier Teile § 54, 55; vgl. de Off. I, 3, 10.

[1] Orat. ad Brut. § 69.

ferner, bei der Behandlung der »forma et character orationis«, unterscheidet er drei verschiedene Arten der »collocatio verborum in eloquentia«[1]. Ich verlasse Cicero und wende mich zu Seneca. Seneca war durch und durch ein Stoiker und liefert uns gute Beispiele der Denkweise, von der ich spreche[2]. So im zweiten Buch seiner Naturales Quaestiones behandelt er einen Gegenstand, der sich sehr für Teilungen und Unterteilungen eignet. Er kündigt an, er werde über Donner und Blitz sprechen, und beginnt damit (§ 1), daß er vom Weltall sagt: »Omnis de universo quaestio in caelestia, sublimia, terrena dividitur« (er meint damit die Astronomie, Meteorologie, Geographie), und er setzt in den folgenden Abschnitten fort, wobei fast jede Gliederung dreiteilig ist. Das geschieht z. B. in den Abschnitten 10, 12, 33, 39, 40, 47, 50. Wahrscheinlich sind alle überliefert. Ein oder zweimal drückt er sich über die Angemessenheit einer Einteilung zweifelnd aus, oder nicht sehr vertrauensvoll[3]. Die meisten, wenn nicht alle,

---

[1] Dortselbst § 149, 175; vgl. Rhetor. ad Heren. IV, 12 flg., 27. Andere Dreiteilungen die ich in der Rhetor. bemerkt habe sind: I, 8, 12 (narrationum tria sunt genera); I. 9, 14 (tres res convenit habere narrationem); I, 11, 18; I, 2, 2; IV, 25, 35 (vgl. II, 26, 41).

[2] Über Senecas Verhältnis zur Stoischen Lehre, siehe Dill, Roman Society from Nero to M. Aurelius, S. 308—9.

[3] Vgl. besonders Nat. Quaest. II, 39, 47, 48.

dieser Dreiteilungen sind ausgesetzt der Kritik als verkünstelt und unwissenschaftlich[1].

Ein anderer Schriftsteller, der in Wort und Gedanken im Banne des ternarius numerus scheinbar steht, ist Apuleius. Bekanntlich war er ein Phönizier und blühte unter der Regierung des Antoninus Pius und Marcus Aurelius; er war durchtränkt von den landläufigen Ideen sowohl der griechischen Philosophie, die er als junger Mann studierte, als auch der römischen, und entlehnte frei von seinen Vorgängern[2].

Es ist nicht notwendig, bei dem Einflusse der stoischen Schule (um von anderen nicht zu sprechen), länger zu verweilen; es war oft genug davon die Rede[3]. Besonders wurden

---

[1] Vergl. auch Seneca, Epist. 75, 9—15, wo er von den »proficientes in philosophia et studio sapientiae« sagt: in tres partes, ut quibusdam placet, dividuntur.

[2] Folgende Stellen mögen angeführt werden: — Apuleius de dogm. Plat. I. 584 (»deorum trinas species«), I, 591, II, 597 — ‚tria genera ingeniorum'). II 606 ‚iustitiam vero, quod trinis animae regionibus sparsa sit'), III, 638; de Deo Socrat. 664, 684; de Mundo 775, (‚tria facta sunt'); Apolog. 461, 484; Florid. ad init; Metam. III, 55, IV, 82.

[3] Einige Beispiele dafür wurden bereits gegeben. Sieh auch D. 50, 16, 124, (von Cujacius (VIII, S. 622) den Stoikern zugeschrieben), und D. 41, 3, 30, wo sich der Einfluß des stoischen Grundsatzes, des Realismus auf die Einteilung der Sachen und des Rechts der usucapio, gut zeigt in der Dreiteilung des Pomponius. Den Stoikern war vor allem die Form erheblich. Vgl. Seneca, Epist. 102, 6; Sokolowski, Philosophie im Privatr. I, p. 48 flg. und 119. Pomponius drei Beispiele für das corpus ex distantibus: grex, populus, legio sind, was Soko-

solche Philosophen, wie Panaetius und Posidonius, einflußreich[1]. Heutzutage machen psychologische und metaphysische Lehren, weder in der Theorie noch in der Praxis, großen Eindruck auf Juristen. Im Gegenteil, in der Regel erscheinen ihnen abstrakte Spekulationen über Recht verdächtig und mißliebig. Wir leben im Zeitalter eines starken wirtschaftlichen Wettbewerbes, und empirische Regeln praktischen Wohlergehens beherrschen die Rechtsentwicklung. Aber ganz anders war es am Ende des römischen Freistaats und zu Beginn der Kaiserzeit. *Graecia capta,* ohne eigenes volkliches Leben und mit wenigen wirtschaftlichen Interessen, sammelte ihre Geisteskraft auf das Gebiet der Philosophie und Spekulation. Und damit beherrschte sie den Geist der Römer nicht nur in Kunst und Wissenschaft, sondern in großem Umfange auch in der Jurisprudenz, die, nachdem die *pax Romana* unter Augustus hergestellt worden ist, das Lieblingsstudium der Römer wurde, und der sicherste Weg zum Ruhme. Daß Ulpian und Paulus diesem Einfluß nicht entgangen sind, ist zweifellos[2]. Savigny, bei

---

lowski offenbar (S. 119 l. c.) übersieht, mit Senecas exercitus, populus, senatus zu vergleichen.

[1] Siehe z. B. Cicero, Epist. ad Atticum, XVI, 11, und de Off. I. 3, 9.

[2] Über den Einfluß der philosophischen Schulen in allgemeinen auf die Juristen, vgl. Pernice, Labeo, I. S. 30 flg.; Voigt, Jus naturale etc., I, S. 250 flg. Über deren Einfluß

Gelegenheit der Dreiteilung der Unmündigen in infantes, infantiae proximi, pubertati proximi, wobei infantes die Kinder unter sieben Jahren sind, bemerkt folgendes: »Nun wurde den Römern eine uralte Lehre griechischer Philosophie bekannt, welche der Zahl 7 geheimnisvolle Kräfte und den siebenjährigen Lebensperioden eine besondere Wichtigkeit beilegte. Diese Lehre kam einem praktischen Bedürfnis auf die willkommenste Weise entgegen, und so geschah es, daß die Grenze der Kindheit gerade auf das Ende des siebenten Jahres allgemein angesetzt wurde, anstatt daß wohl auch sechs oder acht Jahre dafür angenommen werden konnten[1].«

Über den Einfluß griechischer Spekulationen im allgemeinen auf die Juristen des früheren Kaiserreichs bemerkt Sokolowski, meines Erachtens mit viel Wahrheit und zwingender Kraft: »Sicher ist der elementare, produktive Rechtsinstinkt in der Kaiserzeit gesunken, zugleich aber unter dem Einfluß der griechischen Geistes-

---

auf die Lehren vom Eigentum und Besitz insbesondere, sieh Sokolowski, Philosophie im Privatrecht. Puchta, Inst. § 102, scheint den Einfluß der Stoiker sehr zu unterschätzen, obwohl vor seiner Zeit eher die Neigung vorhanden war (z. B. von Heineccius), sie zu überschätzen. Marcus Aurelius unterstützte die Lehrstühle in Athen für die vier hauptsächlichen Schulen — die Platonische, Peripatetische, Stoische und Epicureische. Dio Cass. LXXXI, 31.

[1] System III. S. 32; vgl. auch Quintil. I, 1, 18, und D. 26, 7, 1, 2 worüber Savigny a. a. O.

bildung die Neigung für allgemeine Spekulationen ganz bedeutend gestiegen. Das Recht tritt aus dem Gebiet der praktischen Bedürfnisbefriedigung eines politisch eminent geschulten Volkes in die Welt wissenschaftlicher Gedanken ... Der griechische spekulative Genius unterwarf sich im zweiten und dritten Jahrhundert nach Christo das gesamte Geistes- und Sittenleben, er umspann die einfachen und elementaren Lehren Christi mit einer Fülle schon früher ausgereifter, philosophischer Gedanken, er durchdrang vielfach auch die schlichten praktischen Rechtsbegriffe des alten Römertums«[1].

Die griechischen Philosophenschulen übten auf die frühen christlichen Schriftsteller einen ähnlichen Einfluß wie auf die Juristen aus. Sie haben sich nicht entziehen können dem Einfluß der Zahlen, insbesondere der Zahl drei. Man kann ihn in den Werken von Augustinus, Tertullian und anderer finden[2]. Es kann nicht wohl

---

[1] Philosophie im Privatrecht II. S. 126.
[2] Sieh Augustin. de Civ. XI c. 25, (de tripertita totius philosophiae disciplina) wo er sagt: »tria sunt, quae in unoquoque homine artifice spectantur ... natura, doctrina, usus; de Civ. VIII c. 4; August. Epist. ad Januarium II, 18. 33, wo er sagt: »ternarius numerus in multis sacramentis maxime excellit«. Vgl. Cassiodor, angeführt von Teuffel G. d. röm. Litt. § 483, Anm. 6, 7, 9, 10, 11; Tertull. de Baptismo, VI in fine; Usener, Rhein. Mus. f. Phil. LVIII, S. 41 flg. Interessante Beispiele des mystischen Werts der Zahl 3 in

bezweifelt werden, daß die Dreifaltigkeit der Gottheit, die Dreiheit des Menschen als Körper, Seele und Geist, wobei die Seele oder Psyche ferner von Philo, dem Aristoteles folgend, in drei Principia untergeteilt werden (nutritives, emotienelles und rationelles)¹ dadurch veranlaßt wurde². Viele andere Beispiele können gegeben werden³.

Dem mag entgegengesetzt werden, daß eine dreiteilige Gliederung des Gegenstandes an sich natürlich bequem und sehr verbreitet ist (den letzten Teil der Behauptung wird niemand bestreiten, der gewohnt ist, Predigten anzuhören), und daß es in den römischen Quellen zahlreiche Zwei- und Vierteilungen und andere Einteilungen gibt, wofür es ja ebenfalls an Beweisen nicht fehlt. Es gibt überdies in jedem Rechtssystem Dreiteilungen genug (unser eigenes miteingeschlossen)⁴. Sie unterstützen das Gedächtnis

---

theologischen Werken bei Hugo de Palma, Theologia Mystica, ed. de Montes, Amsterdam 1647.

¹ Eth. Nic. I, 13.

² Vgl. Platos Einteilung der menschlichen Natur in eine intellektuelle, appetitive, und leidenschaftliche (τὸ Θυμοειδές) und die Einteilung von M. Aurelius (Medit. XII. 2). Über die Gedankenverwirrung und die Streitigkeiten, zu denen diese Dreiteilung in Körper, Seele und Geist führen können, vgl. J. B. Heard, Tripartite Nature of Man, Edinburgh, 1870.

³ Über die Paulinische Dreiheit der Tugenden (Glaube, Liebe, Hoffnung) siehe Lobeck, Aglaophanus S. 388, Anm.; Epist. St. John I, 7, 8.

⁴ Einige von ihnen überliefert und unfolgerichtig, so die

und sind so eine Hilfe bei der Anordnung. Diese Widersacher müßten also annehmen, die soeben geprüften römischen Dreiteilungen seien aufrechtzuerhalten, aus Gründen der Einfachheit, Angemessenheit, Logik usw., oder daß sie zufällig gemacht worden seien, um nicht zu sagen »perperam et sine ratione«. Aber das kann, wie ich gesagt habe, nicht verteidigt werden. Ebensowenig kann widerlegt werden die herkömmliche Herrschaft der Zahl 3 zur Zeit der klassischen Juristen. Es ist für mich nicht notwendig, zu behaupten, und ich behaupte auch nicht, daß alle diese verschiedenen Dreiteilungen von Paulus, Ulpian und andern, die ich gegeben habe, von ihnen absichtlich erfunden worden seien unter dem Einflusse des Symbolismus oder des hergebrachten Glaubens an die Kraft der Ziffern. Im Gegenteil, es ist fast sicher, daß viele von Hand zu Hand gingen, und es ist wahrscheinlich, daß die Juristen, wenn sie eigene Einteilungen aufstellten, folgerichtiger waren. Wenigstens Gaius, der offenbar nicht sehr von der stoischen oder einer anderen Philosophie beeinflußt war, verdient dieses Ver-

---

Einteilung der Verbrechen in (1) treason, (2) felonies, (3) misdemeanors (wobei die treason blos eine felony ist mit einigen prozessualen Besonderheiten), und die Verträge in (1) contrakts of record, (2) contracts by specialty, (3) simple contracts. Sieh Broom, Com. Law, 9 th. ed. S. 255—6; Blackstone, Commentaries II, S. 465; Kenny, Outlines of Criminal Law, S. 83; Stephen, Hist. of Crim. Law, II, S. 187. Vgl. Russel, Crimes, 6 th Ed., I. S. 192.

trauen[1]. Und zweifellos sollte dasselbe Vertrauen manchen anderen Juristen entgegengebracht werden. Aber Ulpian und Paulus können, meiner Ansicht nach, vom Vorwurf nicht freigesprochen werden, mehr oder weniger bewußt, symbolische Dreiteilungen angenommen, und bis zu einem gewissen Grade erfunden zu haben mit dem Ergebnisse, daß sie phantastische und irreführende Lehren in die Welt gesetzt haben.

Dreiteilung ist im Gegensatz zur Zweiteilung (zum Beispiel A. und nicht A.) nicht im Vornhinein allumfassend. Es hängt vom Gegenstande der Erörterung ab, ob sie im gegebenen Falle gerechtfertigt werden könne. Es gibt keinen logischen Grundsatz, der dazu führen würde, daß eine bestimmte Art in drei Gattungen eher als in eine andere Zahl eingeteilt werden sollte; der Gegenstand muß in jedem Falle darüber entscheiden, welche Zahlen von gleichgeordneten Gattungen sein müssen. Aber wir können vielleicht zugeben, daß dem menschlichen Geist ein starkes Streben eigen ist, in dreiteiligen Kategorien zu denken.

Wenn meine Lehre angenommen werden sollte, so würde das vielleicht den vielen fruchtlosen Versuchen moderner Schriftsteller über

---

[1] Sieh z. B. Gai. IV, § 1.

römisches Recht ein Ende bereiten, nach Gründen für Einteilungen zu fahnden, die ihre Urheber selbst nicht als folgerichtig oder natürlich zu rechtfertigen trachteten, und denen sie tatsächlich in der Regel gar keine praktische Bedeutung beilegten. Wie viel Arbeit könnte den Juristen, Philosophen und Theologen erspart werden, wollten sie anthropologischen Untersuchungen ein wenig Aufmerksamkeit zuwenden! Selbstverständlich kann nichts von dem, was ich gesagt habe, das Verdienst der römischen Juristen schmälern, ihre Klarheit, ihre logische Schärfe und das Vermögen der philosophischen Zergliederung; — alle, die sie studiert haben, müssen diesen ihren Eigenschaften tiefe Ehrfurcht zollen. Es beweist nur, daß die Einteilung und Bestimmung juristischer Lehren und Regeln nicht ihre starke Seite war[1]. Sie waren tatsächlich in diesen Punkten Kinder ihrer Zeit und waren nicht fähig, sich loszureißen von den herkömmlichen Einflüssen ihrer Vorgänger und der philosophischen Schulen.

---

[1] Savigny, den gewiß niemand beschuldigen wird, er wolle der Größe der römischen Juristen nicht gerecht werden, bemerkt (System, II, Beilage VI S. 508), daß »die allermeisten Definitionen der alten Juristen überaus mangelhaft sind«.

Printed by Libri Plureos GmbH
in Hamburg, Germany